SV

HANS MAGNUS ENZENSBERGER

IMMER
DAS GELD!

Ein kleiner Wirtschaftsroman

Inszeniert von Franz Greno

Suhrkamp Verlag

2. Auflage 2015

Erste Auflage 2015
© Suhrkamp Verlag Berlin 2015
© der Abbildungen siehe Nachweise am Schluß des Buches.
Alle Rechte vorbehalten, insbesondere das der Übersetzung,
des öffentlichen Vortrags sowie der Übertragung
durch Rundfunk und Fernsehen, auch einzelner Teile.
Kein Teil dieses Werkes darf in irgendeiner Form
(durch Fotografie, Mikrofilm oder andere Verfahren)
ohne schriftliche Genehmigung des Verlages reproduziert
oder unter Verwendung elektronischer Systeme
verarbeitet, vervielfältigt oder verbreitet werden.
Satz und Reproduktionen: diemayrei.de
mit Redaktionssystem Woodwing
Druck: Memminger MedienCentrum AG
Printed in Germany

ISBN: 978-3-518-42489-6

Papiergeld kehrt irgendwann
zu seinem inneren Wert zurück – null.

VOLTAIRE

I

Der Besuch von Tante Fé

»Sie kommt!« Es war Fanny, die die Nachricht brachte. Fröhlich, beinah triumphierend, schwenkte sie eine extrabreite Ansichtskarte, auf der ein Alpenpanorama zu sehen war. Am Mittagstisch verstanden alle sofort, wer gemeint war. »Tante Fé«, murmelte die Mutter und hielt seufzend den Suppenlöffel über der Terrine in die Höhe. Endlich brach der Vater das Schweigen und fragte: »Wann?« Die kleine Fanny krähte: »Schon heute abend!« und hielt zum Beweis die mit grüner Tinte hingekrakelten Zeilen in die Höhe. Was Tante Fé Anfang April an der Endstation einer Schweizer Zahnradbahn verloren hatte, ging aus ihrer Botschaft nicht hervor.

Aber sie faßte sich gerne kurz und bevorzugte, um mit der Welt zu korrespondieren, die Postkarte. »Das ist billiger und nicht so umständlich wie das Telephonieren oder diese neumodischen Maschinen, die mir sowieso verdächtig vorkommen.« Die ganze Familie wußte, daß sie ein Parkgrundstück am Genfer See besaß, mit einer sagenumwobenen Villa, in der es erschreckend viele Zimmer gab. Wir hatten zwar eine Schweizer Telephonnummer von ihr, aber wenn mein Vater mit ihr sprechen wollte, meldete sich immer nur die

7

Im Deutschen reimt
sich Geld auf Welt;
es ist kaum möglich,
daß es einen ver-
nünftigeren Reim
gebe.
Lichtenberg

Die Verachtung
des Reichtums war
bei den Philosophen
ein Trick, um sich
vor der Demütigung
durch die Armut
zu schützen.
La Rochefoucauld

abweisende Stimme eines Hausmeisters, der nur »*La Pervenche*« in den Hörer rief. Niemand wußte, was das bedeutete. Papa hat im Wörterbuch nachgeschaut und herausgefunden, daß es »Die Immergrüne« heißt. Ich stellte mir vor, daß der Mann ein Butler war, so einer, wie er in englischen Filmen vorkommt. Jedenfalls sagte er nur, die gnädige Frau sei leider nicht zu sprechen.

Anscheinend war sie wieder einmal auf Reisen. Diesmal war sie offenbar nicht nach New York, Lissabon oder Buenos Aires gefahren; sie hatte nur einen kleinen Ausflug in die Berge gemacht.

»Immergrün!« rief ich. »Da haben wir den Salat.« In den Augen meiner Patentante war ich die Vernünftigste in der ganzen Familie Federmann. Aber ich wußte auch, daß es zwecklos war, ihr zu widersprechen, wenn sie einen ihrer eigensinnigen Pläne gefaßt hatte.

Fabian, mein Bruder, der mir schon über den Kopf gewachsen ist, obwohl er drei Jahre jünger ist als ich, fiel mir sofort ins Wort: »Felicitas«, behauptete er, »du ärgerst dich doch nur, weil Tante Fé schlauer ist als du.«

»Schluß jetzt«, sagte Papa. »Kann man hier denn nicht einmal in Ruhe essen?«

Ja, bei uns lag wieder einmal etwas in der Luft. Mama überlegte, was man der Tante, die sich mit einem schlichten Hackbraten kaum abspeisen ließ, wohl zum Abendessen servieren könnte. Glücklicherweise war es Donnerstag. Einmal in der Woche kommt unsere polnische Putzfrau Bozena. Mit der ist auch nicht zu spaßen, denn sie wütet gegen den Dreck, als wäre er ihr persönlicher Feind. Bei diesem Kampf zertrümmert sie manchmal eine Vase oder einen Lampenschirm. Aber es kommt nicht in Frage, sie zu entlassen; denn sie putzt schon seit vielen Jahren bei uns, und sie ist so treu, daß wir sie nie loswerden könnten. Das sieht sogar Mama ein, obwohl sie sich über jeden Kratzer ärgert, mit dem sich die Bozena auf einem Erbstück wie der Kaffeekanne verewigt. Jeder von uns wird aus seinem Zimmer gescheucht, wenn sie mit Mop und Eimer anrückt. Sie schimpft uns, wenn wir Kleider oder Spielsachen herumstreuen. Aber eines muß man ihr lassen: Im Notfall hilft sie gerne aus. Dann serviert sie sogar beim Essen. Natürlich arbeitet sie schwarz, denn sie will keine Formulare unterschreiben und nicht in irgendwelche Rentenkassen einzahlen. Sie will bare Scheine auf die Hand. Das Geld schickt sie dann nach Hause, zu ihrer kranken Schwester und zu ihren nichtsnutzigen Brüdern, die irgendwo in der Nähe von Krakau leben.

Vielleicht sollte ich ein paar Worte darüber verlieren, wie Tante Fé aussieht und wie sie auftritt. Früher muß sie eine Schönheit gewesen sein. Auf dem alten Photo im Familienalbum blickt sie den Betrachter herausfordernd an, so als wäre sie einem Flirt nicht abgeneigt. Aber heute muß sie längst über fünfundachtzig sein. Genaueres über ihr  Alter will sie nicht sagen. In ihrer Villa lebt sie, abgesehen von ihrem Hausmeister oder Butler, allein. Mein Vater sagt, wahrscheinlich gebe es dort auch noch einen Gärtner und eine Zofe. Das muß er wohl in einem alten Roman gelesen haben. Ich bezweifle nämlich, daß heutzutage noch Zofen mit weißen Schürzchen herumlaufen.

Einmal habe ich im Stadttheater ein russisches Stück erlebt, in dem eine alte, herrschsüchtige Frau vorkam, die nur »die Generalin« genannt wurde, obwohl nirgends ein General zu sehen war. Sie sah genau wie Tante Fé aus. Wenn sie sich ärgerte, klopfte sie mit dem Stock auf den Boden, und dieser Stock hatte einen silbernen Knauf mit einem Löwenkopf, der mir bekannt vorkam. Auf so ein Ding pflegt sich auch meine Patentante zu stützen.

Wenn sie etwas nicht hören will, stellt sie sich schwerhörig. Aber sobald jemand versucht, ihr zu einem Hörgerät zu raten, fährt sie ihm über den Mund. Sie sieht es überhaupt nicht gern, daß man ihr widerspricht. Meine Eltern behandeln sie wie ein rohes Ei, weil sie nicht riskieren wollen, daß sie sich ärgert.

Geizig ist Tante Fé überhaupt nicht. Wenn sie zu Besuch kommt, gibt sie der Bozena immer ein üppiges Trinkgeld. Stets fragt sie uns aus, was für ein Taschengeld wir kriegen. Sie will wissen, ob es reicht, und was wir damit anfangen. Dann steckt sie uns ein paar Scheine zu. Ich habe gemerkt, daß sie immer ausländisches Geld dabeihat, Franken, Pfunde oder Dollars. Mir hat sie einmal hundert dänische Kronen geschenkt. Das war ein gelber Schein, der nach mehr aussah, als er wert war. Als ich ihn wechseln wollte, hat mir die Sparkasse nicht einmal fünfzehn Euro dafür gegeben.

Mama mißfällt, wie Tante Fé mit dem Geld umgeht. Hinter ihrem Rücken redet sie darüber, woher ihr Vermögen eigentlich kommt, ob es ehrlich erworben ist oder ob sie es von einem ihrer Männer geerbt hat. »Wer weiß, auf welche Weise diese Leute in Amerika zu Geld gekommen sind?«

> Geld ist wie Mist, es taugt nur, wenn man es verteilt.
> Francis Bacon

12

Eine rhetorische Frage, auf die niemand antwortet. »Außerdem verwöhnt die Fé nicht nur die Kinder, sondern auch die Bozena. Aber wie Franz und ich mit dem Geld zurechtkommen, danach hat sie noch nie gefragt.« Dazu schweigt Papa. Auf eine solche Diskussion will er sich nicht einlassen.

Es war ein verregneter Aprilabend, als Tante Fé mit einer schwarzen Limousine an unserem Häuschen vorfuhr. Der Fahrer spannte einen großen silbernen Schirm auf, um sie zur Tür zu begleiten. Sie hatte nur eine bestickte Handtasche und eine Flasche Champagner dabei, und das erste, was sie sagte, war: »Ihr braucht keine Angst zu haben, daß ich euch zur Last falle. Ich wohne wie immer in den *Vier Jahreszeiten,* und nach ein paar Wochen bin ich wieder weg.«

Das Abendessen verlief überraschend friedlich. Die Besucherin war gut aufgelegt und griff zweimal zu, als Bozena die Vorspeise servierte. »Wie gemütlich ihr es hier habt«, wunderte die Tante sich. Sie schien gar nicht zu merken, daß wir keine Sektgläser hatten. Dagegen ließ sie sich zu einem ungewöhnlichen Lob auf meine Mutter hinreißen. »Du weißt nicht, Franz«, sagte sie zu meinem Vater, »wie gut du es hast.« Damit waren die Budapester Rezepte gemeint, die Mutter aus den Tagen der Monarchie geerbt hat. Es gab Kalbsmedaillons mit Serviettenknödeln, und als Nachspeise einen Kaiserschmarrn. Nach dem Essen zündete Tante Fé sich zum Kaffee einen langen Virginia-Zigarillo an.

»Ich hoffe, du hast nichts dagegen, Friederike«, sagte sie. »Habt ihr einen Aschbecher?« Papa wußte, wo so etwas zu finden war, auch wenn er im Haus nicht rauchen durfte.

Nach dem Abschied von den lieben Verwandten nestelte Tante Fé auf dem Flur in ihrem Täschchen und verteilte an uns drei ein paar Scheine. Ebenso hielt sie es stets, wenn einer von uns Geburtstag hatte. Dann lag jedesmal ein kleines Kuvert mit einem Hotel als Absender bei uns im Briefkasten. Als sie aus der Haustür trat, klopfte sie mit ihrem Stock auf die Schwelle, und sogleich fuhr der Fahrer aus seinem Schlaf, spannte den Schirm auf und brachte sie in das wartende Auto.

Was die Eltern danach noch besprochen haben, weiß ich nicht, denn wir wurden sogleich ins Bett geschickt. Fabian und Fanny wollten nicht schlafen, und so kamen sie alle zu mir aufs Zimmer.

»Eigentlich weiß niemand so genau, wer Tante Fé eigentlich ist«, fing Fanny an. »Wahrscheinlich ist sie gar keine richtige Tante.«

»Daß sie Papas Schwester ist, glaubt ihr doch selber nicht«, meinte Fabian. »Dafür ist sie viel zu alt.«

»Dann ist sie eben unsere Großtante«, sagte ich. »Das läuft auf dasselbe hinaus. Laßt doch die Tante Fé in Ruhe. Vielleicht mag sie uns einfach. Außerdem weiß ich, daß sie keine Kinder hat. Und jetzt reicht es mir. Verzieht euch bitte. Ich will schlafen.«

Das hört sich alles so an, als wäre es lange her. Aber mir kommt es so vor, als wäre es gestern passiert. Das liegt daran, daß es bei einem hundsgewöhnlichen Familienbesuch nicht geblieben ist. Tante Fé, die für die Häuslichkeit der Federmanns wenig übrig hat, sorgte schon am folgenden Tag für eine Überraschung. Sie lud uns in ihr Hotel ein, und zwar nicht die Eltern, sondern nur mich, Fabian und die kleine Fanny. Eigentlich war es eher eine Vorladung, die uns ein Kurier ins Haus brachte.

»Paßt auf!« sagte Mama. »Mit dem alten Drachen ist nicht gut Kirschen essen. Sie wird euch herumkommandieren. Und von ihren Launen können wir auch ein Lied singen, nicht wahr, Franz?« Doch Papa brummte nur und ging an seinen Schreibtisch.

Alle sagten Tante Fé zu ihr, aber in Wirklichkeit heißt sie Felicitas, so wie ich. Darauf hatte sie bestanden, als ich zur Welt kam, obwohl meine Mutter dagegen war, mich so zu nennen. Sie fand es albern, daß bei uns seit Menschengedenken alle Namen mit *F* anfingen. Erst später habe ich herausgefunden, daß schon die Urgroßväter Friederich oder Ferdinand Federmann hießen. Daraus ist dann eine Familientradition geworden. Auch die Angeheirateten mußten sich damit abfinden und die Kinder so taufen, wie es bei uns üblich war; sie konnten froh sein, wenn auf der Geburtsurkunde ab und zu auch ein *Ph* stehen durfte, so wie bei meinem Großvater Philipp. Es soll sogar eine ganz entfernte Cousine geben, die Philine heißt. Keine Ahnung, warum die Federmanns an dieser blöden Regel so eisern festhalten. Gegen Tante Fé war ohnehin nichts zu machen, als sie mit dem Krückstock auf den Boden klopfte und meinem Vater verkündete, daß sie entschlossen sei, meine Taufpatin zu werden. So bin ich zu meinem Vornamen gekommen.

Aber abgesehen von dieser Marotte geht es bei den Federmanns absolut normal, um nicht zu sagen, stinknormal zu.

Wir wohnen in einer Doppelhaushälfte, die Papa vor vielen Jahren gekauft hat. Sie liegt in einer Siedlung, ein bißchen außerhalb, und ist noch nicht ganz abbezahlt. Das ginge ja noch. Aber Fabian, Fanny und ich, wir stammen nicht, wie die meisten unserer Mitschüler, aus komplizierten dritten oder vierten Ehen, sondern aus unerhört geordneten Verhältnissen. Manchmal wundere ich mich über die ans Spießige grenzende Geborgenheit, in der ich aufgewachsen bin. Wir sind sozusagen eine Kernfamilie. Das ist anscheinend ein Auslaufmodell; denn bei der Nachbarschaft gibt es lauter Patchwork-Familien. Die Kinder werden von Ex-Frauen und Ex-Männern mitgebracht, und manchmal sind auch noch Stiefgeschwister und Adoptivkinder dabei.

Wir sind mit unserem Normalzustand ganz zufrieden. Sogar die Abstände zwischen uns sind wie aus einem Handbuch für die Familienberatung. Ich werde bald achtzehn, Fabian geht aufs Gymnasium, und Fanny ist gerade in die Schule gekommen. Daß der Unterricht dort zu nachtschlafender Zeit beginnt, findet sie unmöglich. Sie ist frech, phantasievoll, ungeduldig und vorlaut. Damit ist sie zu Hause immer gut durchgekommen, auch wenn Mama sie oft ausschimpft. Doch ebenso wie Fabian weiß sie einen Komfort zu schätzen, der es ihr erlaubt, zu trödeln. Sie hat ein winziges Radio, das sie gern bis zum Anschlag aufdreht, damit wir mithören können, was ihr gefällt – irgend etwas zwischen Outlaw Country aus den achtziger Jahren und Sunny Rocket. Fabian dagegen, der mit vierzehn schon unglaublich erwachsen wirkt, fingert gern auf seinem nagelneuen weißen Telephon herum – bei ihm muß es unbedingt die neueste

Version sein – ; aber er kennt sich auch mit den Sicherungen im Keller aus und kann sämtliche Automodelle unterscheiden. Ich glaube, daß er heimlich ziemlich aufs Geld aus ist, obwohl er das nie zugeben würde.

Das ist übrigens ein Problem, das die Harmonie in unserer Familie trübt: Aus irgendeinem Grund reicht es bei uns nie bis zum Ende des Monats, obwohl unser Vater als Sachbearbeiter seit langem in der Kfz-Zulassungsstelle schuftet, genauer gesagt, in der Hauptabteilung III des Straßenverkehrsamtes, noch genauer, in der Abteilung 2 der Kraftfahrzeugzulassungs- und Fahrerlaubnisbehörde. So umständlich drücken sich eben unsere Bürokraten aus, wenn sie unter sich sind.

Wer kein Geld hat, dem hilft nicht, daß er fromm ist.
Martin Luther

Ich glaube nicht, daß eine gewisse Sorte von Fahrzeughaltern bis zu Papa vordringt. Das sind Leute, die um ganz bestimmte Initialen betteln, damit sie mit Kennzeichen wie HYPE, MIZZI oder ROY durch die Gegend brettern können. Wer für die Wahl der Nummernschilder zuständig ist, kann leicht der Versuchung erliegen, jemandem durch Annahme eines diskreten Kuverts die gewünschte Kombination zu verschaffen. Damit hat Papa natürlich nichts zu tun; wo am Türschild Franz Federmann steht, ist an Bestechung nicht zu denken.

Er hat dort ein gesichertes Einkommen und ist unkündbar. Ob er Beamter ist oder nicht, weiß ich nicht. Jedenfalls geht sein Gehalt immer pünktlich auf dem Konto bei der Sparkasse ein. Davon kriegt Mama ihr Haushalts- und ein kleines Nadelgeld, mit dem sie rechnen kann. Ein luxuriöses Leben führt bei uns niemand; das gehört sich nicht, meint Papa. Früher, bevor Fanny geboren wurde, hat Mama noch etwas dazuverdient. Sie arbeitete halbtags in einem Bioladen mit, wo es verschrumpelte Äpfel und Kräutertees gab, die sonderbar rochen. Papa gibt in seinem Schachklub den Anfängern Nachhilfestunden, und seinen Kollegen vermittelt er allerhand Versicherungen, für die er, glaube ich, Prämien kassiert. Weil die meisten Leute Angst haben, lassen sie sich immer mehr Versicherungen andrehen. Das nützt aber nichts, wenn man verunsichert ist. Und Fabian bessert sein Taschengeld dadurch auf, daß er den Rasenmäher oder die Spülmaschine unserer Nachbarn repariert.

Obwohl sie uns zur Sparsamkeit anhält, kauft Mama gerne ein. Das kommt wohl daher, daß sie eine geborene Ferenczy ist, was schon deshalb ganz gut paßt, weil dieser Name mit *F* anfängt. Als sie klein war, sprachen ihre Eltern zu Hause noch Ungarisch, aber jetzt reicht es nur noch dazu, am Telephon *viszontlátásra* zu sagen, was angeblich »Auf Wiedersehen!« bedeutet. In Budapest war sie als blutjunges Mädchen

schon einmal verheiratet, mit einem kleinen Beamten. Aber das hat nur ein paar Jahre gedauert. Auf dem Paßfoto sieht er ängstlich aus. Während er sich an seine Stelle im Landwirtschaftsministerium klammerte, wollte sie nach Deutschland ausreisen, sobald die Grenzen offen waren. Da ließ sie ihn sitzen und reichte die Scheidung ein. Aus ihrem Elternhaus hat sie auch ein paar komische Ausdrücke mitgebracht. Zum Beispiel sagt sie, man sollte immer »standesgemäß« angezogen sein, auch wenn man kein Geld hat.

Ich glaube, daß sie deswegen so gerne Kleider kauft. Immer noch einen Schal oder noch eine Bluse. Dann erzählt sie stolz, die Klamotten seien »enorm reduziert« gewesen. Sie glaubt an Schnäppchen. Mit Sonderangeboten läßt sie sich leicht über den Tisch ziehen. »Sie haben diesen Regenmantel um 60 Prozent herabgesetzt«, sagt sie. »Ich habe also 120 Euro gespart.«

»Denk doch mal nach, Friederike!« sagt Papa dazu. »Sechzig Prozent von was? Erst schlagen sie einen Wahnsinnspreis drauf, dann streichen sie ihn durch, und auf einen derart simplen Trick fällst du herein.« Dann ärgert sie sich wieder. Deshalb äußert sich Papa meistens lieber nicht weiter zu ihren Einkäufen.

Uns gehen die Eltern mit ihren Unterhaltungen über dieses Thema ziemlich auf die Nerven. Wenn es uns zu dumm wird, mischen wir uns ein. Das klingt dann so: »Müßt ihr euch denn ständig über das blöde Geld streiten? Immer diese Belege, diese Kontoauszüge, diese Leitzordner, diese Rechnungen! Wahrscheinlich sind wir daran schuld«, sagen wir vorwurfsvoll, »weil wir so viel kosten! Die Hypothek,

Das Geld geht hinkend ein und tanzend fort.

das Schulgeld, die Klassenfahrt. Die Turnschuhe, die Rucksäcke«, heißt es dann, »das nimmt ja kein Ende!«

Das hätten wir lieber nicht sagen sollen. Denn in diesem Punkt ist Mama recht empfindlich. Und Fabian, der, wenn man ihn aus der Reserve lockt, schlaue Dinge sagt, macht alles nur noch schlimmer.

»Das ist normal«, erklärt er.

»Das ist nicht normal, das ist langweilig«, ruft Fanny.

»Normal und langweilig«, fahre ich dazwischen, weil ich den Streit schlichten möchte. »Es ist normal, daß alle über das Geld reden. Nicht nur bei uns. Ihr braucht nur in der U-Bahn oder im Café zuzuhören, was die Leute in ihre blöden Telephone schreien. Es ist normal, daß das Geld nicht reicht. Es ist normal, daß sich die Eltern streiten, wenn es ums Geld geht, und daß uns das nervt, daß wir uns darüber aufregen, ist ebenfalls normal. Wir sollten es machen wie Papa. Der hört, wenn ihm der Streit zu dumm wird, einfach weg.«

Lange wußte ich nicht, woran es lag, daß von meinen Eltern nie ein kritisches Wort über Tante Fé zu hören ist. Nur hinter ihrem Rücken läßt Mama kaum ein gutes Haar an ihr. Erst später nahm Papa mich eines Abends beiseite und verriet mir ein Geheimnis: »Du mußt wissen, daß die Fé gar keine Tante ist, sondern eine ziemlich entfernte Großtante. Und außerdem ist sie nicht nur wohlhabend, sondern reich. Sogar *filthy rich,* wie die Engländer sagen.«

»Ja dann!« sagte ich. »Darum sind alle so vorsichtig mit ihr. Weil es bei ihr etwas zu erben gibt.«

»Es ist besser, wenn du das für dich behältst«, riet er mir. »Erbschaften sind nämlich nicht nur eine heikle Sache.

Geld ist gemünzte Freiheit. F. Dostojewski, Memoiren aus einem Totenhaus

20

Sie sind eine Katastrophe. Du kannst dir nicht vorstellen, was passiert, wenn eine Geldlawine eine Familie unter sich begräbt. Das kann Streit bis aufs Blut geben.«

Dann kam der Tag, an dem wir bei Tante Fé eingeladen waren. »Ihr kennt doch das *Vier Jahreszeiten*. Das ist ganz im Zentrum. Ihr braucht nicht den Bus zu nehmen. Mein Fahrer holt euch ab.« Das große Auto mit den getönten Scheiben kannten wir ja schon, und der Hotelportier wußte auch Bescheid. »Ganz oben im Penthouse«, sagte er, auf englisch, »in der *Executive Suite*.«

Grandhotel Kempinski
VIER JAHRESZEITEN
München, Maximilianstraße

Der Liftboy brachte uns hin. Die Zimmer waren größer als unsere ganze Doppelhaushälfte. Die Tante hatte sich einen Tee bestellt. »Was wollt ihr haben?« fragte sie. Das war ganz einfach, man brauchte nur zu klingeln, schon kam der Zimmerservice. Fanny wollte ein Eis, Fabian eine Cola und Kekse, und ich begnügte mich mit dem Tee.

»Wie war's in der Schule?« fragte die Tante, und ohne auf unserer Antwort zu warten, fuhr sie fort: »Ich habe skandalöse Dinge darüber gehört, wie es dort zugeht. Was man den Kindern erzählt, ist kriminell! Immer nur Chemie, Geometrie und Latein. Alles Unfug! Die Lehrer haben keine Ahnung von Ökonomie, weil sie genau wie euer Vater Gehaltsempfänger sind, die jeden Monat ihr Geld bekommen, oder besser gesagt, das, was davon übrigbleibt. Die merken ja gar nicht, was ihnen alles abgezogen wird. Das ist eine ganze Menge: allerhand Steuern, sogenannte Sozialbeiträge, irgendwelche Versicherungsprämien, Telephonrechnungen, Strom, Wasser, Heizung, Krankenkasse, Fernsehgebühren, und was weiß ich noch alles. Das sogenannte Netto, wißt ihr, was das ist?

> Keine Kunst lernt eine Regierung rascher von einer andern als die, dem Volk das Geld aus der Tasche zu ziehen.
> Adam Smith

22

Es ist doch sonderbar bestellt, / sprach Hänschen Schlau zu Vetter Fritzen, / daß nur die Reichen in der Welt / das meiste Geld besitzen. Lessing

Der klägliche Rest von ihrem Gehalt. Kein Wunder, daß es hinten und vorne nicht bei euch reicht.«

Wir wußten nicht, was wir dazu sagen sollten.

»Warum schimpfst du so?« maulte Fanny, die mit ihrem Eisbecher beschäftigt war. »Immer das Geld! Warum regen sich alle so darüber auf?«

Übersicht: Gehaltsabrechnung mit und ohne Sachbezug*

	mit Sachbezug in EUR	ohne Sachbezug in EUR
Mustermann Martin		
Gehalt	6.000,00	6.000,00
Sonstige Bezüge	1.400,00	1.400,00
Sachbezug brutto	650,00	
Gesamtbrutto 04/2003	8.050,00	7.400,00
Steuerbrutto	8.050,00	7.400,00
Lohnsteuer	2.958,08	2.642,33
Kirchensteuer		
Solidaritätszuschlag	162,69	145,32
Steuerrechtliche Abzüge	J. 3.120,77	J. 2.787,65
KV/PV-Brutto	3.450,00	3.450,00
AV/RV-Brutto	5.100,00	5.100,00
KV-Beitrag AN		
PV-Beitrag AN	497,25	497,25
RV-Beitrag AN	165,75	165,75
AV-Beitrag		
SV-rechtliche Abzüge	J. 663,00	J. 663,00
Netto-Verdienst	4.266,23	3.949,35
Nettobe-/-abzüge	14,66	14,66
AG-Zuschuss zur PV	J. 29,32	J. 29,32
Gesamtbeitrag zur PV	J. 650,00	
Sachbezug	239,78	239,78
AG-Anteil zur freiw. KV	J. 479,56	J. 479,56
Gesamtbeitrag freiw. KV	3.361,79	3.694,91
Auszahlungsbetrag		

23

Aber ich wollte es genauer wissen, und auch Fabian spitzte die Ohren. »Wenn du ein bißchen Zeit hast, Tante Fé, dann mußt du uns erklären, wie das mit dem Geld funktioniert. Damit kennst du dich bestimmt besser aus als Papa und Mama.«

»Um diese Zeit trinke ich immer nur Earl Grey«, antwortete sie. »Sahne hat in diesem Tee nichts zu suchen. Man gibt nur ein paar Tropfen Zitrone dazu. Aber wenn ihr euch für Ökonomie interessiert, meinetwegen. Nur ist die Sache mit dem Geld ziemlich kompliziert. Ihr müßtet öfter bei mir vorbeikommen.«

»Ja, gerne. Sooft du willst«, rief Fanny, der es in diesem Hotel gefiel, weil man da alles bekam, was man haben wollte.

»Dann müßt ihr aber mitmachen. Ich werde euch eine Aufgabe mitgeben. Dann schreibt ihr bis zum nächsten Mal auf, was ihr darüber denkt.«

»Noch mehr Hausaufgaben«, stöhnte Fanny. »Das hat mir gerade noch gefehlt.«

»Du brauchst ja nicht mitzukommen, wenn du zu faul bist. Den andern machen ein paar Seiten nichts aus, oder?«

»Natürlich nicht«, sagte ich.

»Abgemacht. Hier ist die erste Frage: Woher kommt das Geld? Schreibt einfach auf, was euch dazu einfällt. Das kann doch nicht so schwer sein. Im Grunde ist das gar keine Hausaufgabe. Es ist bloß ein Spiel. Bis zum nächsten Mal will ich eure Antworten haben. Sagen wir, übermorgen um halb fünf? Der Chauffeur bringt euch heim. Schöne Grüße an Franz und Friederike.«

Zu Hause wurden wir gleich gefragt, wie es bei unserm Hotelbesuch zugegangen war. Damit wollte keiner heraus-

Man hält Mahlzeiten, um zu lachen, und der Wein erfreut das Leben, aber das Geld muß alles zuwege bringen.
Prediger 10,19

24

rücken; denn das hätte wahrscheinlich nur Zoff gebracht, schon wegen Tante Fés vernichtenden Ansichten über die Schule. Jeder grübelte darüber nach, was er beim nächsten Mal erzählen sollte. Nur Fanny, die noch nie in einem großen Hotel gewesen war, konnte es nicht lassen, meiner Mutter mit ihrer Begeisterung über den fabelhaften Service in den Ohren zu liegen.

In den *Vier Jahreszeiten* war alles wie beim ersten Mal. Tante Fé empfing uns in einer Art indischem Morgenmantel mit Pfauen-Stickereien darauf. Fanny hob als erste den Finger. »Ich weiß, wo das Geld herkommt. Mein Vater läßt es bei der Sparkasse heraus. Wenn man eine Karte hat, kommt es aus dem Automaten. Man muß nur die richtige Nummer wissen. Alle Erwachsenen kriegen eine solche Karte. Bloß wir nicht.«

Dazu sagte Tante Fé nichts. Sie setzte nur ein schiefes Lächeln auf.

Fabian war mit der Erklärung seiner kleinen Schwester nicht einverstanden. »Das ist nur, weil du kein Konto hast, auf dem schon ein Guthaben ist. Wenn nichts drauf ist, spuckt der Automat keine Kohle aus. Wenn du zum dritten Mal probierst, etwas herauszuholen, verschluckt die Maschine die Karte, und du guckst in die Röhre. Du glaubst wohl, daß die Sparkasse dem Papa etwas schenkt? Hör mal zu, was ich mir aufgeschrieben habe:

Woher kommt das Geld? Mein Vater meint, das sei gar keine Frage. Sein Geld kommt regelmäßig von der Stadtverwaltung oder vom Staat. Irgendein Amt zahlt ihm jeden

Monat sein Gehalt. Andere arbeiten für eine Firma, und dann geht das, was sie verdienen, bei der Sparkasse auf ihr Konto. Oder es kommt von jemandem, der einem Geld schuldet, oder von einem, der es einem schenkt. Oder vom Sozialamt. Es kann auch sein, daß man von jemandem etwas erbt. Aber ich glaube, der Papa hat meine Frage gar nicht richtig verstanden.

Drum habe ich ihm einen Zehn-Euro-Schein vor die Nase gehalten und gesagt: Schau dir den mal genau an. Da stehen lauter Abkürzungen drauf: BCE ECB EZB EKT EKP. Außerdem eine Nummer und eine Jahreszahl und eine Unterschrift, die man nicht lesen kann. Und für solche Scheine gehst du jeden Tag ins Büro! Das ist doch sonderbar. Daraufhin ist er ausgerastet. Sei doch froh, hat er geschrieen. Davon zahle ich die Miete für euch und die Raten und den Strom, und deinen Zahnarzt und die neuen Stiefel, und überhaupt …

Ich habe versucht, ihn zu beruhigen. Du hast ja völlig recht, sagte ich. Aber hier geht es gar nicht um das Geld, von dem wir leben; sondern die Tante Fé will von uns wissen, woher das Geld *überhaupt* kommt. Er grinste nur. Dann meinte er: Na, da hat sie euch ja eine schöne Nuß zu knacken gegeben! Mehr ist ihm dazu nicht eingefallen. Wahrscheinlich wollte er nur nicht zugeben, daß er selbst keine Ahnung hat.«

Das hat Fabian aus seinem Heft vorgelesen, und obwohl er manchmal ein bißchen stottert, fand ich ganz gut, was er aufgeschrieben hat.

Auch Tante Fé nickte. »Gut, Fabian. Wenn ihr etwas naschen wollt, bitte! Ihr braucht es nur zu sagen. Was meinst du dazu, Felicitas?«

Ich war noch lange nicht zufrieden mit dem, was ich gehört hatte. »Ihr macht es euch zu einfach«, sagte ich.

»Du weißt natürlich immer alles besser«, rief Fabian dazwischen.

Tante Fé klopfte mit dem Stock aufs Parkett und befahl mir: »Lies vor!«

»Also gut. Ich glaube, Geld hat es nicht immer gegeben.«

»Woher willst du das wissen?«

»Laß sie doch weiter vorlesen!«

»Die Höhlenmenschen, die man aus der Heimatkunde und aus dem Film kennt, hatten kein Geld. Das waren Jäger und Sammler, und später kamen die Bauern, die sich selber mit dem Nötigsten versorgten.

Es muß also ein paar tausend Jahre gedauert haben, bis das Geld erfunden wurde. Aber wer ist zuerst auf diese Idee gekommen? Darüber streiten sich die Historiker bis heute. Die einen haben Münzen ausgegraben und untersucht. Andere sind zu irgendwelchen Ureinwohnern, Indios oder Buschmännern gefahren und haben sie ausgehorcht. Dabei hat sich herausgestellt, daß die Leute früher Muscheln, Kühe oder Töchter gebraucht haben, um das, wovon sie zuviel hatten, gegen das einzutauschen, was ihnen fehlte. Auch mit Sklaven wurde viel gehandelt. Aber auf die Dauer war es doch ziemlich umständlich, Menschen, Tiere und Sachen hin und her zu schleppen oder Bräute an den Mann zu bringen. Wahrscheinlich gab es dabei auch viel Streit. Wie viele Ziegen mußte einer hergeben, um eine Frau zu kriegen?

Um den Tauschhandel zu vereinfachen, haben mache angefangen, kleine, besonders wertvolle Dinge zu bunkern.

Die Phönizier haben das Geld erfunden. Aber warum so wenig? Nestroy

Phönizische Göttin aus Elfenbein, Aleppo.

Kaurimuscheln: Zahlungsmittel in China vor viertausend Jahren.

27

Keltischer Goldschatz, 2,7 Kilogramm, gefunden im Unterallgäu bei Sontheim.

Perlen zum Beispiel oder Gold. Das sind Sachen, die man in die Tasche stecken kann. Irgendwo habe ich gelesen, die Phönizier seien es gewesen, die damit reich geworden sind, daß sie Münzen aus seltenen Metallen gemacht haben. Na ja, wer's glaubt!«

»Doch«, sagte Tante Fé. »An das Geld muß man schon glauben; sonst funktioniert es nicht. Was sollen wir machen, wenn der Gemüsehändler an der Ecke sagt: Was, für diesen lächerlichen Papierfetzen soll ich dir meine schönen Pfifferlinge geben? Weißt du, wie schwer die zu finden sind? In den polnischen Wäldern ziehen die Leute mit einem Korb in den Wald, weil sie wissen, wo man Pilze findet. Und in der nächsten Kleinstadt lauern andere schon darauf, ihnen das abzukaufen, was sie gesammelt haben. Frische Pilze muß man entweder trocknen oder gleich zum Großmarkt

28

schicken. Das Zeug ist verderblich. Und schließlich landet es bei mir an der Ecke.

So argumentiert der Mann mit seinem Obstkarren. Überleg doch mal, was du von ihm zu hören bekämst, wenn er nicht dran glauben würde. Er würde dich auslachen. ›Du spinnst wohl‹, würde er sagen. ›Deinen blauen Zettel da kannst du dir sonstwohin stecken! Mit so einem Zwanzig-Euro-Schein kann jeder wedeln. Wer weiß, ob der morgen noch was wert ist.‹«

»Ach, Tante Fé, was redest du da. So etwas hat noch nie jemand zu mir gesagt. Wir sind hier doch nicht auf dem Schwarzmarkt! Also laß mich erst einmal ausreden. Ich bin noch nicht fertig.«

»Bitte, Felicitas. Laß hören.«

»Es ist so: Heutzutage kommt unser Geld von der Notenbank. Das ist nämlich die oberste aller Banken, wenigstens in Europa. Deswegen heißt sie auch Zentralbank. Und was auf dem Geldschein draufsteht, sind ihre Abkürzungen. Sie sitzt in Frankfurt und kann so viele Banknoten drucken, wie sie will. Sie nennen das *Geldschöpfung!* Hört sich das nicht groß-artig an? Aus nichts und wieder nichts erzeugen sie etwas, das ihrer Meinung nach ziemlich wertvoll ist.

Wenn die gewöhn-lichen Geldpres-sungen kein Geld geben, so muß man Lottos errichten. Lichtenberg

Nun heißt es im Fernsehen immer, die Notenbank sei unabhängig. Aber das glaube ich nicht. Die tun nur so. In Wirklichkeit machen die Politiker in der Regierung, oder die Unternehmer, oder vielleicht die Gewerkschaften, oder die anderen Banken Druck, damit weiter drauflos gedruckt wird. Wenn es heißt, es sei zu wenig Geld da, müssen die Zentralbanken auf den Knopf drücken und mehr Scheine

Hans-Werner SINN zur Politik der EZB, 2015:
»Wir werden alle zu Geiseln der Finanzmärkte
und der Spekulanten ... Wir haben ein riesiges
Demokratieproblem in Europa.«

Hier residiert
der Mann mit
der ›dicken Berta‹
im ›schrägen Haus‹:
MARIO DRAGHI,
Präsident der EZB.

V. I. Surikov, Tanz um das goldene Kalb, 1870.

s.a. Johann Friedrich
Böttger, 1682 bis 1719.

Laboratorium im Film GOLD mit Hans Albers, Berlin 1934.

fabrizieren. Und umgekehrt, sobald es eine Geldschwemme gibt und alle zuviel auf dem Konto oder in der Tasche haben, dann müssen sie wieder auf die Bremse treten. Dann ist Knappheit angesagt. Und so machen sie es nicht nur in Frankfurt, sondern auch in Amerika oder sonstwo auf der Welt, wo es eine Zentralbank gibt. Wer sich das alles ausgedacht hat, weiß ich nicht.«

»Nicht schlecht«, sagte Tante Fé, die sich gerade ihren ersten Sherry gönnte. »Wißt ihr was? Die Herren von der Notenbank – es sind übrigens immer nur Männer in dunklen Anzügen – haben eigentlich keine Ahnung, was Geld ist, obwohl sie von nichts anderem reden. Einen von diesen sogenannten Gouverneuren habe ich einmal in Basel kennengelernt. Dort treffen sie sich alle paar Monate in einem Betonturm am Bahnhof, ganz geheim, in einem Laden, der sich BIZ nennt. Das ist eine von den Abkürzungen, hinter denen sich die Finanzleute verstecken. Aber ich weiß Bescheid. BIZ bedeutet: Bank für Internationalen Zahlungsausgleich. Das ist die Zentralbank der Zentralbanken. Die gibt es schon lange. Gleich nach der großen Wirtschaftskrise von 1929 wurde sie gegründet, und seitdem sitzt und sitzt sie in einem Turm in Basel, ganz egal, was sonst auf der Welt passiert. Mitten im Zweiten Weltkrieg trafen sich dort die Chefs aus Amerika, aus ganz Europa und aus dem Rest der Welt und verhandelten einträchtig mit dem Großdeutschen Reich über den »Zahlungsausgleich«. Was sie alles ausgeheckt

Hjalmar Schacht, Reichsbankpräsident. 1930 BIZ-Gründungsmitglied.

haben, weiß niemand so genau. Und so hält es die BIZ auch heute noch. Rauf oder runter mit dem Zinssatz, mit dem Dollar, mit irgendwelchen Quoten. Wenn da einer unter

Bank für Internationalen Zahlungsausgleich (BIZ)

Bank for International Settlements (BIS)

Banque des règlements internationaux (BRI)

Banco de Pagos Internacionales

Banca dei Regolamenti Internazionali

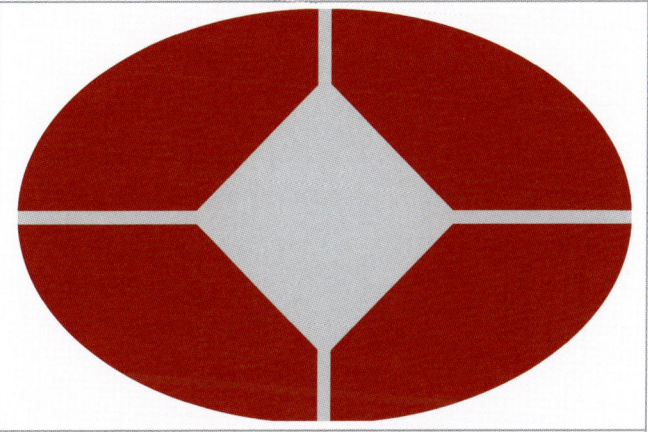

s.a.
www.tageswoche.ch:
BIZ – Das best-
gehütete Geheimnis
Basels, 9.8.2013.

Organisationsart	Internationale Organisation mit eigenem Rechtsstatus*
Sitz der Organe	Basel, Schweiz (Hauptsitz) Hongkong (Repräsentanz) Mexiko-Stadt (Repräsentanz)
Amts- und Arbeitssprachen	Englisch, Französisch, Deutsch, Italienisch, Spanisch
Gründung	17. Mai 1930
www.bis.org	

* Alle Verantwort-
lichen besitzen
Immunität.

dem Tisch säße und zuhören könnte, wäre er am nächsten Tag ein gemachter Mann. Aber diese Herren lassen das ganze Haus absuchen, ob jemand eine Wanze versteckt hat, und sie selber halten dicht, damit nichts nach draußen dringt.

Zufällig hat mich einer von ihnen damals, als es noch die D-Mark gab, zum Abendessen eingeladen. Er hieß Dietmüller oder Tietmeyer, so ein großer, gutaussehender Weißhaariger mit einer Halbglatze. Der war 1996 oder 97 Präsident der Deutschen Bundesbank. Das ist ewig her. Ich war damals noch putzmunter und zu allerhand Scherzen aufgelegt. Beim Dessert, es war eine Crème Bavaroise, habe ich ihn ganz brutal gefragt: Was ist Geld? Er hätte sich beinahe verschluckt, so verdutzt war er. Dann räusperte er sich und sagte, die Definition sei sehr, sehr schwierig. Es müßten zunächst die folgenden Fragen beantwortet werden: Wie unterscheiden sich die Geldmengen M1, M2 und M3? Ferner darf das endogene Kreditgeld nicht mit Termin-, Giral- und Transfergeldern verwechselt werden. Und mit dem Computergeld sei es noch viel schlimmer. Kurzum, er wußte selber nicht, womit er es zu tun hatte. Damit stand er nicht alleine da. Den heiligen Augustinus hat einmal jemand gefragt, was die Zeit sei. Ja, hat der ihm zur Antwort gegeben, solange niemand danach fragt, wissen wir alle, was die Zeit ist; sobald es aber jemand genauer wissen will, können wir's nicht sagen. Genauso ist es mit dem Geld.

Natürlich könnten wir zu den Wirtschaftswissenschaftlern gehen, die darüber Vorlesungen halten. Die haben sich allerhand verschiedene Theorien ausgedacht. Aber leider konnten sie sich nicht einig werden, und so kommt es, daß sie uns nie genau erklären können, was passiert, wenn wir eine Pizza bestellen oder ein paar Pilze einkaufen wollen.«

Während Fanny uns nur noch mit halbem Ohr zuhörte – sie hatte sich das Hemd wieder einmal mit ihrem Eis bekleckert, blätterte in einem dicken französischen Magazin und sah sich die neuesten Stiefelmodelle an –, meldete sich Fabian noch einmal zu Wort. »Das ist doch ganz egal«, sagte er. »Definition hin oder her. Das mit dem Geld ist jedenfalls eine phantastische Idee. Und deswegen haben alle es sofort nachgemacht. Ein Land ohne Geld gibt es nirgends auf der Welt.«

Geld stellt den Menschen auf die Füße.
Talmud

Fanny ließ ihr Magazin sinken und fragte: »Aber warum reicht es dann nie?«

»Das kann ich dir sagen«, erklärte Tante Fé. »Wenn mehr Geld da ist als das, was du dir dafür kaufen kannst, dann ist es nichts mehr wert. Dann ist es bloß noch ein Stück Papier, und niemand wird mehr eine Hand rühren, um einen solchen Wisch zu verdienen. Vor ein paar Jahren war ich einmal in Bolivien, Gott weiß warum. Ihr wißt sicher, wo das ist. In Südamerika. Dort hatten die Banknoten unglaublich viele Nullen und waren so wenig wert, daß man ganze Pakete

davon abwiegen mußte, um damit zu bezahlen. Für ein Kilo Scheine gab es bloß ein kleines Maisbrot. Sag mal, Fabian, was kostet bei uns ein ganz gewöhnlicher Brief?«

»Keine Ahnung. Wer schreibt denn heutzutage noch Briefe? Ich schicke immer nur eine SMS oder eine Mail.«

Ich wußte es besser als er. »Zweiundsechzig Cent.«

»Stimmt.«

»Nur wird das Porto einfach alle Jahre mal erhöht, genau wie der Fahrpreis für die U-Bahn, die Stromrechnung und alles andere.«

»Und früher?«

»Da waren es noch Pfennige.«

»Die gibt es nicht mehr. Jetzt sind es Cents.«

»Und wieviel Pfennige stecken in einem Cent?«

»Jetzt sollen wir auch noch kopfrechnen, Tante Fé?« Das war Fanny zu mühsam.

»Ungefähr das Doppelte«, sagte ich. »Für zwei Mark gibt es einen Euro. »Das ist doch ganz einfach.«

»Aber nicht ganz«, schrie Fabian, »1,955 und ein paar Zerbrochene.«

«Besserwisser!«

»Schluß, ihr beiden!« Das war wieder Tante Fé. »Als ich klein war, kostete ein Brief zwölf Pfennig. Aber mein Vater, der hat in den zwanziger Jahren mit dem Geld eine wahnsinnige Achterbahn erlebt. Damals ging es immer rauf und runter. Erst klebte er einen Groschen drauf, also zehn Pfennig, dann waren es plötzlich fünfzig Mark, und ein Jahr später waren es hundert Milliarden. Das sind mehr Nullen, als ihr euch vorstellen könnt. Der ganze Brief war mit Marken

38

vollgekleistert. Das war die galoppierende Inflation, genauso wie das, was ich euch von Bolivien erzählt habe. Das kommt davon, wenn eine Notenbank einfach immer mehr Geld druckt.«

»Dann ist es nichts mehr wert.«

»Eben. Wenn du selber ein guter Drucker bist und das richtige Papier und die richtigen Maschinen hast, und du machst dir deine Euros oder deine Dollars selber, dann wirst du von der Polizei gesucht, und wenn sie dich erwischen, kommst du ins Gefängnis. Paragraph 146 Strafgesetzbuch.

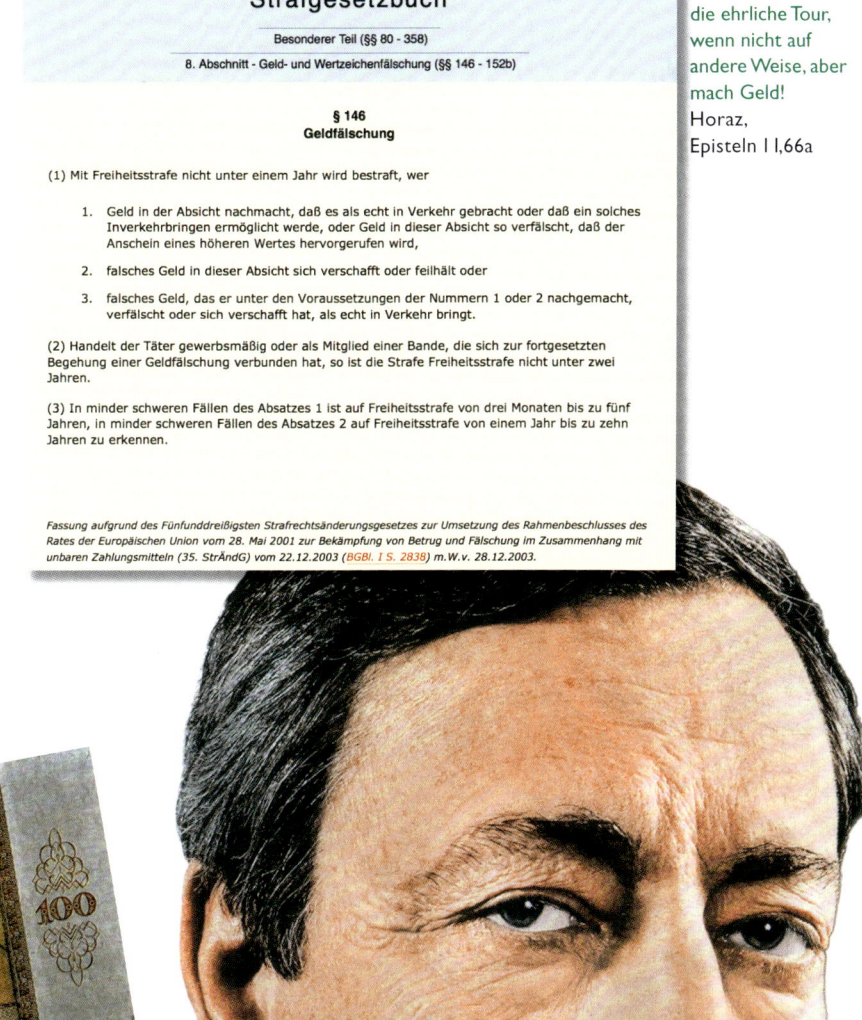

Strafgesetzbuch

Besonderer Teil (§§ 80 - 358)

8. Abschnitt - Geld- und Wertzeichenfälschung (§§ 146 - 152b)

§ 146
Geldfälschung

(1) Mit Freiheitsstrafe nicht unter einem Jahr wird bestraft, wer

1. Geld in der Absicht nachmacht, daß es als echt in Verkehr gebracht oder daß ein solches Inverkehrbringen ermöglicht werde, oder Geld in dieser Absicht so verfälscht, daß der Anschein eines höheren Wertes hervorgerufen wird,

2. falsches Geld in dieser Absicht sich verschafft oder feilhält oder

3. falsches Geld, das er unter den Voraussetzungen der Nummern 1 oder 2 nachgemacht, verfälscht oder sich verschafft hat, als echt in Verkehr bringt.

(2) Handelt der Täter gewerbsmäßig oder als Mitglied einer Bande, die sich zur fortgesetzten Begehung einer Geldfälschung verbunden hat, so ist die Strafe Freiheitsstrafe nicht unter zwei Jahren.

(3) In minder schweren Fällen des Absatzes 1 ist auf Freiheitsstrafe von drei Monaten bis zu fünf Jahren, in minder schweren Fällen des Absatzes 2 auf Freiheitsstrafe von einem Jahr bis zu zehn Jahren zu erkennen.

Fassung aufgrund des Fünfunddreißigsten Strafrechtsänderungsgesetzes zur Umsetzung des Rahmenbeschlusses des Rates der Europäischen Union vom 28. Mai 2001 zur Bekämpfung von Betrug und Fälschung im Zusammenhang mit unbaren Zahlungsmitteln (35. StRÄndG) vom 22.12.2003 (BGBl. I S. 2838) m.W.v. 28.12.2003.

Wenn möglich auf die ehrliche Tour, wenn nicht auf andere Weise, aber mach Geld!
Horaz,
Episteln I 1,66a

Ich kann euch gerne sagen, was da drinsteht: ›Mit Freiheitsstrafe wird bestraft, wer Geld in der Absicht nachmacht, daß
es als echt in Verkehr gebracht oder daß ein solches Inverkehrbringen ermöglicht werde, oder Geld in dieser Absicht
so verfälscht‹ ...« – und so weiter.

»Entschuldige, Tante Fé, aber warum kannst du das Strafgesetzbuch auswendig?«

»Ich hatte einmal einen Freund, den sie ab und zu eingesperrt haben. Ein reizender Mensch, aber ein Pechvogel.
Also laßt lieber die Finger von solchen Sachen. Falschgeld
drucken dürfen nur die Politiker. Manche Kenner sprechen
von *fiat money*.«

»Was soll das bedeuten?«

»Das ist aus der Bibel, die ihr wahrscheinlich nie gelesen
habt. Genesis 1, ein Buch, das von der Erschaffung der Welt
handelt. Im dritten Vers ist es Gott, der auf lateinisch sagt:
›Fiat!‹ Das ist keine Automarke, sondern heißt ›Es werde‹.
Wo vorher nichts war, schafft er Himmel und Erde. Die
Notenbanken haben sich das nicht zweimal sagen lassen. Mit
ihrer Geldschöpfung erzeugen sie etwas aus nichts.«

»Und warum machen die das?«

»Irgendeinen Grund findet jeder Staat. Vor allem, wenn
ihm der Bankrott droht.«

Der ärgste Fluch des
Menschen ist das Geld.
Sophokles, Antigone

40

»Ein Staat kann doch gar nicht pleite gehen.«

»Deshalb wird das auch vornehmer ausgedrückt. Er stellt einfach die Zahlungen ein. Dann ›restrukturiert‹ man eben, oder man schuldet um. Das ist ein ganz normaler Vorgang.«

»Das glaube ich nicht.«

»Ach, Felicitas. Schon vor fünf Jahren haben ein paar wackere Amerikaner herausgefunden, wie oft so etwas schon passiert ist. Reinhart und Roloff oder Rogoff, du kannst im Internet nachschauen, wenn du es nicht glaubst. Du weißt ja, wie vergeßlich ich bin.

Aber wenn ich mich recht erinnere, haben allein im zwanzigsten Jahrhundert Brasilien und Chile siebenmal, Frankreich acht- und Deutschland dreimal ihre Schulden nicht bezahlt. Und die Griechen sollen die Hälfte der Jahre, die vergangen sind, seitdem sie die Türken los wurden, insolvent gewesen sein.«

»Und warum pumpen sich die Regierungen immer wieder neues Geld?«

»Entweder, weil sie wiedergewählt werden wollen, dann erhöhen sie schnell die Renten. Oder sie zetteln einen Krieg an. Oder wegen der Arbeitslosigkeit, oder weil die Leute zu viele private Schulden gemacht haben.

»Und was machen sie dann?«

Bilanz der Deutschen Bundesbank zum 31. Dezember 2014

Aktiva

	Mio €	Mio €	31.12.2013 (Mio €)	31.12.2013 (Mio €)
1 Gold und Goldforderungen		107 475		94 876
davon: Goldforderungen 452 934,56 €			(0)	
2 Forderungen in Fremdwährung an Ansässige außerhalb des Euro-Währungsgebiets				
2.1 Forderungen an den IWF	20 624		(20 798)	
2.2 Guthaben bei Banken, Wertpapieranlagen, Auslandskredite und sonstige Auslandsaktiva	30 646		(28 080)	
		51 270		48 878
3 Forderungen in Fremdwährung an Ansässige im Euro-Währungsgebiet		—		125
4 Forderungen in Euro an Ansässige außerhalb des Euro-Währungsgebiets		—		—
5 Forderungen in Euro aus geldpolitischen Operationen an Kreditinstitute im Euro-Währungsgebiet				
5.1 Hauptrefinanzierungsgeschäfte	32 544		(38 162)	
5.2 Längerfristige Refinanzierungsgeschäfte	32 944		(13 771)	
5.3 Feinsteuerungsoperationen in Form von befristeten Transaktionen	—		(—)	
5.4 Strukturelle Operationen in Form von befristeten Transaktionen	—		(—)	
5.5 Spitzenrefinanzierungsfazilität	84		(122)	
		65 572		52 054
6 Sonstige Forderungen in Euro an Kreditinstitute im Euro-Währungsgebiet		2 011		4 691
7 Wertpapiere in Euro von Ansässigen im Euro-Währungsgebiet				
7.1 Wertpapiere für geldpolitische Zwecke	50 224		(55 844)	
7.2 Sonstige Wertpapiere	—		(—)	
		50 224		55 844
8 Forderungen an den Bund		4 440		4 440
9 Forderungen innerhalb des Eurosystems				
9.1 Beteiligung an der EZB	1 948		(2 031)	
9.2 Forderungen aus der Übertragung von Währungsreserven an die EZB	10 430		(10 872)	
9.3 Forderungen aus der Verteilung des Euro-Banknotenumlaufs innerhalb des Eurosystems	—		(—)	
9.4 Sonstige Forderungen	460 629		(510 467)	
		473 007		523 369
10 Schwebende Verrechnungen		1		3
11 Sonstige Aktiva				
11.1 Scheidemünzen	908		(879)	
11.2 Sachanlagen und immaterielle Anlagewerte	799		(844)	
11.3 Finanzanlagen	12 452		(11 777)	
11.4 Neubewertungsposten aus außerbilanziellen Geschäften	0		(3)	
11.5 Rechnungsabgrenzungsposten	1 354		(1 747)	
11.6 Sonstiges	1 330		(1 503)	
		16 842		16 753
		770 842		**801 033**

Passiva

	Mio €	Mio €	31.12.2013 (Mio €)	31.12.2013 (Mio €)
1 Banknotenumlauf		240 518		237 258
2 Verbindlichkeiten in Euro aus geldpolitischen Operationen gegenüber Kreditinstituten im Euro-Währungsgebiet				
2.1 Einlagen auf Girokonten	81 176		(83 877)	
2.2 Einlagefazilität	9 019		(10 712)	
2.3 Termineinlagen	—		(46 870)	
2.4 Feinsteuerungsoperationen in Form von befristeten Transaktionen	—		(—)	
		90 196		141 459
3 Sonstige Verbindlichkeiten in Euro gegenüber Kreditinstituten im Euro-Währungsgebiet		—		—
4 Verbindlichkeiten in Euro gegenüber sonstigen Ansässigen im Euro-Währungsgebiet				
4.1 Einlagen von öffentlichen Haushalten	1 940		(2 013)	
4.2 Sonstige Verbindlichkeiten	7 930		(8 453)	
		9 870		10 466
5 Verbindlichkeiten in Euro gegenüber Ansässigen außerhalb des Euro-Währungsgebiets		12 262		52 047
6 Verbindlichkeiten in Fremdwährung gegenüber Ansässigen im Euro-Währungsgebiet		34		1 830
7 Verbindlichkeiten in Fremdwährung gegenüber Ansässigen außerhalb des Euro-Währungsgebiets		788		37
8 Ausgleichsposten für vom IWF zugeteilte Sonderziehungsrechte		14 380		13 486
9 Verbindlichkeiten innerhalb des Eurosystems				
9.1 Verbindlichkeiten aus der Ausgabe von EZB-Schuldverschreibungen	—		(—)	
9.2 Verbindlichkeiten aus der Verteilung des Euro-Banknotenumlaufs innerhalb des Eurosystems	267 914		(224 251)	
9.3 Sonstige Verbindlichkeiten	—		(—)	
		267 914		224 251
10 Schwebende Verrechnungen		2		2
11 Sonstige Passiva				
11.1 Neubewertungsposten aus außerbilanziellen Geschäften	—		(45)	
11.2 Rechnungsabgrenzungsposten	45		(226)	
11.3 Sonstiges	2 695		(3 079)	
		2 739		3 305
12 Rückstellungen		19 696		19 221
13 Ausgleichsposten aus Neubewertung		104 491		88 080
14 Grundkapital und Rücklage				
14.1 Grundkapital	2 500		(2 500)	
14.2 Gesetzliche Rücklage	2 500		(2 500)	
		5 000		5 000
15 Jahresüberschuss		2 954		4 591
		770 842		**801 033**

Differenzen in den Summen durch Runden der Zahlen

»Genau das, was auch die großen Konzerne mit ihren Bilanzen machen. Es gibt tausend Tricks, die Schulden kleinzurechnen. Nur eines ist klar: Jeder Einwohner muß für das alles haften, was sie gepumpt haben, und Zinsen zahlen, auch die Babys und die Großmütterchen. In Deutschland macht das nach offizieller Rechnung über zwei Billionen aus. Das sind 25 000 Euro pro Nase, aber es gibt Länder, wo ein Mensch schon mit Hunderttausenden in der Kreide steht, bevor er die erste Windel naß gemacht hat.«

»Aber wie kann man aus einer solchen Schuldenfalle wieder rauskommen?«

»Keine Sorge. Dafür gibt es eine ganze Reihe von Rezepten. Wenn man eine eigene Währung hat, kann man sie mit einem Federstrich abwerten. Am nächsten Tag gehst du zur Bank oder zur Wechselstube, weil du ins Ausland fahren willst, und dein eigenes Geld ist plötzlich viel weniger wert als vorher; sie geben dir weniger Dollars oder Kronen dafür. Das ist ärgerlich, aber es gibt auch Leute, die sich darüber freuen. Das sind die Exporteure. Denn auf einmal können sie ihre Autos oder ihre Maschinen im Ausland billiger anbieten und machen bessere Geschäfte. Dann geht dieses Auf und Ab meistens in die nächste Runde. Dann wertet das nächste Land ab, und der Nachbar hat das Nachsehen.«

»Aber damit gehen die Schulden doch nicht wirklich weg!«

»Natürlich nicht. Nur sieht es besser aus, wenn man zum Beispiel ein paar Nullen wegstreicht. Das nennt man eine Währungsreform. So was hat es in Deutschland schon öfter gegeben, aber auch die Italiener und die Franzosen haben ihr Geld ein paarmal geschrumpft. Eine andere Methode ist der

Schuldenschnitt. Man erläßt dem Pleitestaat ein paar Milliarden, und ein paar Leute, die so blöd waren, ihm Geld zu leihen, gehen leer aus. Irgend jemand zahlt immer drauf.

Das sind aber nur die brutaleren Mittel, zu denen die Staaten nur greifen, wenn ihnen gar nichts anderes mehr übrigbleibt. Die meisten gehen heutzutage eleganter vor. Die sagen: Ein bißchen Inflation ist doch nicht schlimm! Auf diese Weise würden die Leute vielleicht gar nicht merken, daß ihr Geld allmählich immer weniger wird. Mindestens zwei Prozent im Jahr, das geben die Zentralbanken nicht nur zu, das verlangen sie sogar. Die Teuerung ist also sorgfältig geplant. Dem braven Sparer wird ein Zins geboten, der unter dieser Rate bleibt; nach Steuern muß er feststellen, daß alles, was er zurückgelegt hat, von Jahr zu Jahr schrumpft. Im Fachjargon, wo man offen spricht, wird das ›finanzielle Repression‹ genannt. Auf deutsch heißt Repression soviel wie Unterdrückung. Das machen alle Staaten so. Damit dröhnen sie sich so lange zu, bis sie pleite sind. – So, und jetzt ist es genug für heute! Was wollt ihr bis zum nächsten Mal machen?«

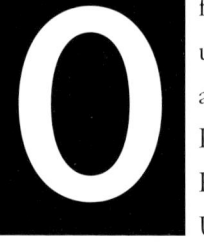

Schwarze Nullen
und null Zinsen.

»Schon wieder eine Hausaufgabe!« beschwerte sich Fanny.

»Du brauchst ja nicht wiederzukommen, wenn es dir nicht paßt«, sagte die Tante und drohte ihr mit dem Stock. »Bei mir geht es nicht wie in der Schule zu. Hier gibt es keine Noten, keine Verweise und keine Zeugnisse. Ihr braucht auch keine Bücher mitzubringen. Mich interessiert nur, was ihr im Kopf habt. Wer sich bei diesem Spiel langweilt, kann gehen.

Am nächsten Dienstag soll jeder von euch einen Traum erzählen. Am besten wäre es, wenn er vom Geld handelt;

denn das scheint euch zumindest einigermaßen zu interessieren. Ich meine aber nicht die paar Groschen, die ich euch mitgebe, ich meine mehr, viel mehr als das, was ich euch geben kann.«

Fanny wollte, wie immer, lieber nichts tun. »Träume kann man sich nicht aussuchen. Die kommen einfach, und man kann nichts gegen sie machen. Ich träume immer nur von Ameisen oder anderen Biestern.«

»Dann erzählst du eben davon«, sagte Tante Fé. »Das ist immer noch besser als deine Hausaufgaben.«

Schon auf dem Heimweg fingen wir an, uns über dieses neue Spiel zu streiten. Fabian behauptete, er träume manchmal von einem roten Sportwagen. Als das der Chauffeur hörte, brach er sein Schweigen. »An deiner Stelle würde ich das bleibenlassen. Das bringt nur Ärger. Du siehst doch, das ganze Land ist mit Verbotsschildern zugepflastert, und wenn du nicht aufpaßt, nehmen sie dir gleich den Führerschein weg. Wenn sie dir überhaupt einen Führerschein geben!«

»Sie haben ganz recht, Herr Forster«, sagte ich, denn ich hatte mir gemerkt, wie er heißt. »Und außerdem sollte jeder seine Träume lieber für sich behalten. Wir müssen uns eben bis zum Dienstag irgend etwas einfallen lassen, sonst ist die Tante Fé sauer auf uns.«

»Ich weiß nicht, warum ihr so scharf darauf seid, sie zu besuchen«, sagte meine Mutter beim Abendessen. »Nur weil sie einen Chauffeur hat und euch in ihr teures Hotel einlädt. Ihr solltet lieber an eure Schulaufgaben denken. Was sagst du dazu, Franz? Ich finde, deine Tante spielt sich auf, bloß um die Kinder zu beeindrucken.« »Erstens ist sie gar nicht meine Tante, und zweitens meint sie es gut mit uns«, erwiderte mein Vater. »Es kann doch nicht schaden, wenn die Kinder mal etwas anderes sehen.«

Ich wollte mir diese Unterhaltung, die immer auf dasselbe hinausläuft, nicht länger anhören. Fabian und Fanny gingen ins Bett, und ich spielte noch ein wenig auf meinem Handy.

Beim nächsten Treffen war Fabian der erste, der damit herausrückte, was er geträumt hatte. »Etwas ganz Komisches.«

»Gut!« sagte Tante Fé. »Dann leg bitte los. Ich höre.«

»Ich saß ganz allein in einem kleinen Flugzeug. Es war so ein kleiner Doppeldecker. Ich wunderte mich, wie leicht es war, ihn zu steuern, obwohl ich so etwas noch nie gemacht hatte. Das war so einfach wie das Radfahren. Ein ganz tolles Gefühl! Ich flog etwas niedriger und steckte den Kopf aus dem Fenster in den Wind. Unten sah ich eine fremde Stadt. Ich kreiste ganz lässig über dem Marktplatz. Auf dem Sitz neben mir lag ein silberner Koffer. Ich wußte genau, was drin

war, griff hinein, holte eine Handvoll grüner Scheine heraus und warf sie aus einer kleinen Luke unter meinen Füßen hinaus.«

Alle hörten gespannt zu, auch meine Patentante. Vielleicht war ich überrascht, daß mein kleiner Bruder so auftrumpfte, oder sogar ein wenig eifersüchtig. »Moment mal«, unterbrach ich seine Geschichte. »Wo gibt es denn so was, daß ein Flugzeug unten ein Loch hat? Wißt ihr, was mir dazu einfällt? Der Fabian sitzt genauso am Steuer wie auf einem Klo! Der will den Leuten nichts Gutes tun. Der will sie buchstäblich bescheißen.«

»Laß ihn doch erst einmal ausreden, Felicitas!« Da wußte ich, daß Tante Fé gleich mit ihrem Krückstock herumfuchteln würde. Ich mußte Fabian weitermachen lassen mit seinem Traum. Gegen den kam ich nicht an; denn in den letzten paar Nächten hatte ich überhaupt nichts geträumt.

»Also«, sagte er, »das Geld wirbelte wie ein Konfettiregen in die Tiefe. Ich warf lauter Scheine hinunter und sah, wie immer mehr Leute auf den Platz strömten. Die ganze Stadt war auf den Beinen. Es war lustig, wie sie sich bückten, wie sie übereinander herfielen. Dann war mein Koffer leer, und ich warf ihn hinterher, an der Kirchturmspitze vorbei. Dann gab ich Gas und wollte davonfliegen; aber da fing der Motor an zu stottern, und ich sah, wie sich der Propeller langsamer drehte. Was ist los? fragte ich mich. Vielleicht ist kein Benzin mehr da. Hilfe! Die Kiste begann zu sinken, erst langsam, dann immer schneller. Im Sturzflug konnte ich schon jeden einzelnen Ziegel auf dem Rathausdach erkennen – und da bin ich aufgewacht.«

Geldregenaktion Frankfurt/Main 2014.

47

s.a. www.planetearthaccount.de

»Genau so eine Geschichte wollte ich hören, Fabian! Das hast du gut gemacht. Und ihr, was habt ihr Schönes geträumt?« fragte Tante Fé Fanny und mich. »Nur heraus mit der Sprache!«

»Ich hab's vergessen«, murmelte Fanny, und mir fiel auch keine bessere Antwort ein.

Die Tante winkte nur ab und schlürfte ihren Tee. »Ich finde, daß Fabian sich sehr großzügig benommen hat, wenigstens im Traum. Er verteilt sein ganzes Geld, noch dazu an Leute, die er gar nicht kennt. Das macht ihm Spaß. Es ist so leicht wie das Fliegen. Ein wunderbares Gefühl! Je mehr Geld er los wird, desto glücklicher ist er. Sogar den Koffer schmeißt er noch hinterher. Das war vielleicht ein bißchen übertrieben; denn am Ende hatte er selbst nicht einmal mehr das Nötigste übrig. Da ging ihm sozusagen der Treibstoff aus. Plötzlich war er pleite, und sein Höhenflug war zu Ende.«

An Lord Byron mißfiel, daß er sein Geld zum Fenster hinauswarf, statt es zu vermehren.

Das gefiel mir nicht. Ich überlegte einen Moment lang, und dann riskierte ich es, ihr zu widersprechen. »Tut mir leid, Tante Fé. Wenn man einem andern helfen will, sollte man ihn erst einmal genau studieren. Man muß ihn ernst nehmen. Sonst weiß man nicht, was er wirklich braucht. Das kapiert Fabian nicht. Sein Traum zeigt doch nur, daß er sich für einen Überflieger hält. Er wirft das Geld buchstäblich zum Fenster hinaus. In Wirklichkeit will er den Leuten gar nicht helfen. Sie kommen ihm winzig vor, als wären sie Ameisen. Er lacht sich halbtot, wenn er sieht, wie sie übereinander herfallen und sich um das Geld balgen. Und wenn ihm die Scheine ausgehen, kriegt er es mit der Angst zu tun und ruft nach Hilfe. Die Leute wären schön blöd, wenn sie herbeiliefen, um ihn zu retten.«

48

Jetzt war auf einmal ich die Böse. Alle sahen mich vorwurfsvoll an. Fabian schwieg beleidigt. Die Fanny schluckte ihren Schokoriegel herunter und verteidigte ihren Bruder. »Selber schuld, Felicitas, wenn du gar nichts träumst! Der Fabian wollte immerhin den andern etwas von seinem Geld abgeben. Ich fand es sehr gut, was er erzählt hat. Ich wäre froh, wenn ich solche Träume hätte. Wenn ich reich wäre und fliegen könnte! Aber hinterher, wenn man dann aufwacht, ist man immer enttäuscht. Man schaut in den Geldbeutel, und alles ist wie vorher. Entweder es ist etwas drin, oder er ist leer.«

»Sie hat ganz recht«, verkündete Tante Fé. »Aber ich wollte noch etwas anderes von euch wissen. Wieviel Geld könnte jeder von euch ertragen?«

»Wieso ertragen?« fragte Fabian. »Das ist doch kinderleicht!«

»Tausend vielleicht«, meinte Fanny. »Das würde eine ganze Weile reichen.«

»Jede Menge! Ich wüßte schon, was ich damit anfinge.«

»Was denn?«

»Erst mal einen Jaguar F-Type Coupé in British Racing Green.«

»Was willst du denn damit? Du hast ja nicht einmal einen Führerschein.«

»Mannomann! Der hat einen Fünf-Liter-Motor mit Kompressor und beschleunigt von null auf hundert in vier Komma fünf Sekunden. Kostet aber eine ganze Stange Geld.«

»Und was dann? Wie phantasielos du bist, lieber Fabian.«

»Wenn was übrig ist, investiere ich eben in was anderes. Irgendwelche Wertpapiere, die Geld bringen.«

»Was sagst du dazu, Tante Fé?«

»Laß doch deinem Bruder seinen feuchten Bubentraum! Und was ist mit dir, Felicitas? Du hältst dich wohl lieber vornehm zurück, meine Liebe?«

»Weil ich weiß, wie es den Ahnungslosen ergangen ist, denen irgendein großes Los auf die Füße gefallen ist, oder ein Jackpot im Lotto. Die meisten konnten nicht damit umgehen und haben ein klägliches Ende genommen.«

»Sind das nun saure Trauben, oder ist es die Stimme der Vernunft, was ich heraushöre?«

»Gegen fünfzig- oder hunderttausend hätte ich nichts einzuwenden. Dann könnte ich überall studieren, in Cambridge oder Yale, und den Rest auf den Kopf hauen.«

»Ihr seht doch, das ist ein besseres Spiel als ›Mensch ärgere dich nicht‹ oder das ewige *Monopoly*. Damit könnt ihr jederzeit eure Freunde auf die Palme treiben; denn jeder wird eine andere Antwort geben. Und du, meine liebe Felicitas, hast wieder einmal viel zu klug gesprochen. Nur mit den Träumen hast du nicht so gut abgeschnitten. Beim nächsten Mal laß dir etwas Besseres einfallen.«

»Was? Schon wieder eine neue Aufgabe?«

»Wer weiß, wie lange ich noch das Vergnügen haben werde, mit euch zu plaudern. Aber solange ich noch da bin, werde ich euch auf Trab halten, damit ihr nicht versauert. Also, schaut euch bis zur nächsten Woche einmal in eurem Zimmer um, und dann macht ihr eine Liste, auf der steht, wo der ganze Kram in euern Schubladen und euern Schränken herkommt.«

Gehorsam trotteten wir davon.

Als wir uns das nächste Mal pünktlich um halb fünf Uhr nachmittags bei der Rezeption meldeten, begrüßte uns der Portier, Herr Stäuble, bereits, als wären wir Stammgäste. »Die gnädige Frau erwartet euch schon.«

Bei Tante Fé gab es diesmal verschiedene Sorten von Trüffeln: Nougat, Marzipan, Schokolade, Rum und so weiter. Bevor wir ihr die Listen zeigen konnten, die wir mitgebracht hatten, fragte sie uns: »Ihr Lieben, schätzt doch mal, wie viele Leute für euch arbeiten.«

»Vielleicht die Eltern, und die Bozena.«

»Ich werde euch beweisen, daß es mehr als eine Million sind.«

»Das glaube ich dir nicht. Bei uns kommt höchstens manchmal der Postbote vorbei, oder so jemand.«

»Habt ihr nachgeschaut, wo die Sachen in euern Zimmern herkommen? Meistens steht es auf irgendeinem Etikett oder auf der Verpackung. Aus China, aus der Türkei, aus Frankreich, Marokko, Bangladesch. Habt ihr das nicht gemerkt? Wo sind eure Spielsachen her? Die Tassen, die Schuhbändel, die Schere? Wenn ihr eine Liste macht, was ihr an einem einzigen, ganz normalen Tag alles braucht, werdet ihr merken, daß sie viele Seiten lang wird.«

Sie wartete, bis jeder von uns dreien seinen Zettel aus der Tasche zog. Aber sie wollte gar nicht wissen, was wir alles aufgeschrieben hatten, und statt uns zu loben, verbiß sich Tante Fé in ein neues Thema. »Wißt ihr, was die Deutschen glauben? Daß sie Weltmeister sind, nicht nur beim Fußball, sondern weil sie so viel exportieren. In den Zeitungen und im Fernsehen wird immer verkündet, wie viele Milliarden

Wären alle reich, so wollte niemand das Boot rudern.

51

Kinderarbeit
in Indien,
geringer Lohn
in Vietnam:
hohe Wertschöpfung.

52

Golemartige, schöne neue Welt:

Industrie 4.0

»Trostlose Zukunft«:
Düstere Analyse der Deutschen Bank.
»Zum ersten Mal seit der industriellen
Revolution zerstört neue Technologie mehr
Arbeitsplätze, als sie neue mobilisieren kann«,
lautet darin der entscheidende Satz
von Aleksander Kosic, dem Managing Director
Research des Geldhauses in New York.
24. Juni 2015, FAZ

Tiger-Kampf-
hubschrauber und
Leopard-Panzer
aus Deutschland.

Zu Korruption s.a.: http://www.deutschlandradiokultur.de/
korruption-dolce-vita-und-deutsche-waffen.976.de.
html?dram:article_id=296651 / E.Klotsikas, 16.9.2014.

das bringt. Rekorde in der Autoindustrie und im Maschinen-
bau, und auch die Waffenhersteller lassen sich nicht lumpen.
Und auch der Import nimmt zu, nicht nur weil der Super-
markt an der Ecke Avocados aus Peru, japanisches Sushi und
Äpfel aus Chile zu bieten hat. Auch sonst kauft ihr überall
eine ganze Menge ein. Was glaubt ihr, wo das Benzin herkommt, oder das Gas, oder das Kupfer? Das ist der Import,
und der geht auch ins Geld.«

»Du hast gesagt, wir sollen nur aufschreiben, was wir in
unserem Zimmer finden.« »Ach so? Bei euch gibt es wohl
keinen Strom? Und womit wird geheizt? Was tankt euer
Vater? Außerdem möchte ich wissen, was ihr in den Herbst-
ferien gemacht habt.«

»Wir waren in der Türkei, an der Küste zum Baden.«

»Aha! Rate mal, Fanny, wie viele Leute du da schon wieder
beschäftigt hast.«

»Wieso ich? Das Flugzeug war ganz voll.«

»Ich werde dir sagen, wer sich da alles um dich gekümmert
hat. Die Frau, die dir am Schalter dein Köfferchen abgenommen hat, der Mann, der in deiner Tasche herumwühlte und
fragte, ob du eine Limonadenflasche dabei hast, der Polizist
an der Paßkontrolle, ganz zu schweigen von ein paar hundert
Leuten, die du nie zu Gesicht bekommen hast. Die Flug-
lotsen, die Putztruppe im Klo und so weiter. Dabei hast du
noch nicht einmal deinen Sitzplatz im Flugzeug erreicht.«

Fabian wußte Bescheid: »Das war ein kleiner Airbus, ein
zweimotoriger 319.«

»So? Und wer hat den gebaut? Wieder ein paar tausend
Beschäftigte. Ich sage euch, allein an diesem Tag wart ihr auf

ein paar hunderttausend Personen angewiesen, die irgendwas für euch getan haben.«

»Aber wenn wir zu Hause geblieben wären, hätten die es gar nicht gemerkt. Wir sind denen doch völlig egal.«

»Natürlich. Die tun das ja nicht euretwegen. Die tun's nur, weil sie dafür bezahlt werden. Das ist ja das Schöne am Geld. Manchmal denke ich, es ist sogar die Erfindung aller Erfindungen.«

»Aber viele werden doch auch für Dinge bezahlt, von denen wir gar nichts haben.« »Du meinst wohl die Beamten. Solche wie deinen Vater, der in irgendeinem Referat sitzt.«

Das wollte Fabian ihr nicht durchgehen lassen. »Er paßt immerhin auf, daß die Leute nicht mit Rostlauben durch die Gegend fahren, mit kaputten Keilriemen und abgenutzten Bremsbelägen.«

»Schön, daß du ihn verteidigst, mein Lieber. Aber bei vielen Ministerialdirigenten kommt nur eine Menge Altpapier heraus, Futter für Aktenhunde und Schredderanlagen. Genau wie bei den Journalisten, oder den Anwälten, oder den Gleichstellungsbeauftragten, oder den Maklern, oder den Reklamefuzzis, oder den Bankern. Je größer das Büro, desto unnützer ist es, was sie treiben.«

»Dafür verdienen sie aber mehr als die andern.«

»Wißt ihr, wer das schnellste Geld macht? Das sind die Hochfrequenzhändler. Unter den Zockern geht es zu wie

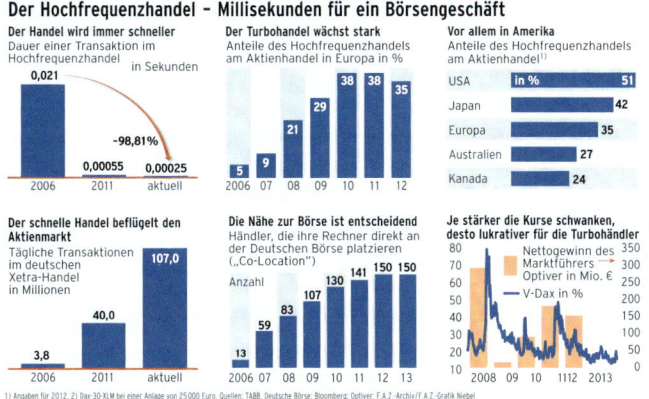

Der Hochfrequenzhandel – Millisekunden für ein Börsengeschäft

Der Handel wird immer schneller
Dauer einer Transaktion im Hochfrequenzhandel in Sekunden
- 2006: 0,021
- 2011: 0,00055
- aktuell: 0,00025
−98,81%

Der Turbohandel wächst stark
Anteile des Hochfrequenzhandels am Aktienhandel in Europa in %
- 2006: 5
- 07: 9
- 08: 21
- 09: 29
- 10: 38
- 11: 38
- 12: 35

Vor allem in Amerika
Anteile des Hochfrequenzhandels am Aktienhandel[1]
- USA in %: 51
- Japan: 42
- Europa: 35
- Australien: 27
- Kanada: 24

Der schnelle Handel beflügelt den Aktienmarkt
Tägliche Transaktionen im deutschen Xetra-Handel in Millionen
- 2006: 3,8
- 2011: 40,0
- aktuell: 107,0

Die Nähe zur Börse ist entscheidend
Händler, die ihre Rechner direkt an der Deutschen Börse platzieren („Co-Location") Anzahl
- 2006: 13
- 07: 59
- 08: 83
- 09: 107
- 10: 130
- 11: 141
- 12: 150
- 13: 150

Je stärker die Kurse schwanken, desto lukrativer für die Turbohändler
Nettogewinn des Marktführers Optiver in Mio. €
V-Dax in %
2008 09 10 11 12 2013

1) Angaben für 2012. 2) Dax-30-XLM bei einer Anlage von 25000 Euro. Quellen: TABB, Deutsche Börse; Bloomberg; Optiver; F.A.Z.-Archiv/F.A.Z.-Grafik Niebel

Zeit ist Geld!

im Western. Wer zuerst seine Waffe zieht, gewinnt. Dabei geht es um Millisekunden. Das ist eine irre Beschleunigung. Chancen hat nur, wer über die größte Rechnerkapazität verfügt. Alle andern sind die Verlierer. Also paß auf, Fabian, wenn du mitspielen willst!«

»Das kommt mir vor wie bei den Hütchenspielern, die den Mitschülern ihren ganzen Einsatz abluchsen.«

»Die Spekulanten sind viel raffinierter. Bei denen geht es um so winzige Beträge, daß du gar nicht merkst, wie sie dich reinlegen. Aber sie bewegen derart riesige Summen auf dem Markt, ich glaube, bis zu einem Drittel der globalen Umsätze, daß sie üppig verdienen, wenn ihre Manipulationen jedesmal nur einen Pfennig bringen.«

Sobald das Geld im Kasten klingt, / die Seel sich auf gen Himmel schwingt.
Hans Sachs

»Du meinst Cents.«

»Ach ja. Weißt du, Fabian, ich kenne das alles nur vom Hörensagen; denn ich selber spiele schon lange nicht mehr mit.«

Fanny maulte. »Das alles geht uns überhaupt nichts an.«

»Das stimmt. Dann reden wir lieber über die Kartoffeln. Ratet mal, wieviel der Bauer für ein Kilo Kartoffeln kriegt? Kaum ein Viertel von dem, was du im Laden bezahlst.«

»Ich finde das furchtbar.«

»Ich auch.«

»Ich nicht«, verkündete unsere Tante. »Ich will euch sagen, warum. Wegen der Arbeitsteilung.«

»Was ist denn das schon wieder?«

»Das ist etwas Phantastisches. Stellt euch vor, ihr müßtet alles selber machen! Bananen züchten, Zeitungen drucken, Opern singen, euch um die Kläranlage kümmern, damit ihr nicht im Unflat erstickt.«

»Lieber nicht!«

»Du hast ja noch gut reden, Fanny! Aber warte nur, bis du achtzehn bist. Dann mußt du dir überlegen, was du am besten kannst. Wahrscheinlich kann nämlich jeder etwas, was die andern nicht können. Zumindest kann jeder irgend etwas besser als du, und umgekehrt. Darum gibt es auch so viele Berufe. Ich habe mich einmal bei euch in der Nachbarschaft umgesehen. Drei Häuser weiter gibt es einen Mieter, der auf sein Klingelschild geschrieben hat, was er treibt. Ihr werdet euch wundern, was da steht: *Hohlmüller, Geräuschemacher.*«

»Komischer Beruf.«

»Noch komischer ist, daß man keinen Ton hört, wenn man an seinem Haus vorbeikommt. Was der wohl den ganzen Tag lang in seiner Bude macht?«

»Geräusche. Als wenn es nicht schon genug Krach gäbe! Streifenwagen mit Blaulicht und Sirenengeheul. Preßlufthämmer. Hooligans. Aufgedonnerte Sportwagen wie dein grüner Jaguar, Fabian.«

»Wenn es um den Lärm geht«, erinnerte ich Fanny, »dann bist du mit deinem Radio, das du bis zum Anschlag aufdrehst, die letzte, die sich darüber beschweren kann. Immer nur Sunny Rocket oder Pretty Pink!«

»Moment mal, gerade waren wir noch bei der Arbeitsteilung.« Von diesem Thema war Tante Fé nicht mehr abzubringen. »Es gibt noch viel irrere Berufe. Dolomitstampfer zum Beispiel, Schießhauer und Plüsterinnen. Kein Mensch weiß, was das ist. Hier im Hotel gibt es eine Fachkraft, die sich auf Brautfrisuren spezialisiert hat. Wer nicht heiratet, den bedient sie nicht. Von den zigtausend vollkommen überflüssigen Berufen will ich gar nicht reden.«

»Wen meinst du? Die Bettler?«

Geld stinkt nicht.

59

»Ach, die hat es immer gegeben. Sie gehören zu den ehrwürdigen Berufen. Nein, ich meine eher die Gleichstellungsbeauftragten oder die Hochfrequenzhändler.«

»Au ja! Oder die Piepsliesen im Fernsehen. Die könnte man auch ersatzlos streichen.«

»Ihr macht es euch zu leicht, Kinder! Stellt euch vor, ihr hättet einen Garten …«

»Haben wir auch, vor dem Haus. Aber der ist winzig.«

»Und was wächst dort alles?«

»Die Nachbarn haben sich schon beschwert, weil er so ungepflegt ist. Sie hätten ihn lieber mit dem Rasenmäher gebügelt. Aber das Durcheinander kommt ganz von selber. Die Pflanzen machen einfach, was sie wollen. Ein paar Tag weggeschaut, und schon ist alles überwuchert.«

»Genauso ist es mit der Arbeitsteilung. Da wächst auch nicht nur, was schön oder nützlich ist, sondern auch das Unkraut, die Brennesseln und die Disteln. Manche sind sogar giftig! Wollt ihr die vielleicht jeden Tag herausreißen?«

»Ich nicht.«

»Siehst du. Genauso ist es mit den Berufen. Es ist überhaupt unglaublich schwer, irgend etwas vollkommen Sinnloses abzuschaffen, zum Beispiel die Todesstrafe oder die Atombombe. Nicht einmal die Dauerwelle und die Krawatte sind wir losgeworden. Als Kind mußte ich einmal eine Art Uniform anziehen, für meine Erstkommunion am Weißen Sonntag, mit einem Blütenkranz auf dem Kopf. Meine Mutter Feodora hat auf feinster Klöppelspitze aus Plauen bestanden. Der Photograph ließ mich mit einer dicken Kerze vor einem gemalten Prospekt posieren, und damit ich sein Bild nicht verwackeln konnte, hat er mir mit einem Blechständer den Hals eingeklemmt. Ich glaube, so etwas gibt es heute noch. Die meisten Sitten und Gebräuche sind überflüssig wie ein Kropf, und ebenso schwer wegzuschaffen.«

»Und wie ist es mit dem Luxus?«

»Oh, das ist was ganz anderes. Ohne den Luxus geht es nicht.«

»Entschuldige, Tante Fé, aber gerade hast du noch behauptet, wir wären besser ohne Krawatten dran. Ich meine, dann könntest du auch auf deine sagenhaft teuren Handtaschen verzichten.«

»Du enttäuschst mich, Felicitas. Du weißt doch hoffentlich, daß es der Luxus war, dem wir die Anfänge unseres Wohlstandes zu verdanken haben? Ohne die Köhlerei kein Glas und kein Porzellan, und ohne die Kutsche kein Auto. Irgend jemand mußte für das teure Handwerk bezahlen, sonst wäre nie eine Industrie daraus geworden.«

»Und ohne die Französische Revolution wäre der Ofen wahrscheinlich bald aus gewesen.«

»Da hast du auch wieder recht. Es wundert mich, was du alles weißt, Felicitas. Aber eines kann ich dir sagen: Ohne die Verschwendung geht gar nichts. Das wirst du mir zugeben. Denk doch mal an die Restaurants! Hier im Hotel, da unten, gibt es einen Koch mit drei Sternen.«

»Und gleich daneben einen McDonald's.«

»Ich sage dir, warum. Früher mußtest du deinen Proviant mit dir herumschleppen, wenn du auf Reisen warst. Im Mittelalter gab es nur hin und wieder eine armselige Herberge, wo du froh sein mußtest, wenn sie dir ein Bündel Stroh hinlegten und eine Brotsuppe gaben, und auch das nur, solang du genug Taler oder Gulden dabeihattest. Nur die höheren Stände konnten sich eine gute Küche leisten, die Grafen und die Bischöfe und ein paar reiche Kaufleute. Ich habe mir sagen lassen, daß es am französischen Königshof fünfundsiebzig Beichtväter gab und drei königliche Nachtstuhlprüfer.«

»Was soll denn das schon wieder sein?« fragte Fanny.

Winter 1616
Jan Brueghel d. Ä.

»Auch ein König muß manchmal auf den Topf. Kein Wunder, daß es damals im Palast ziemlich gestunken hat. Deshalb haben sich alle parfümiert, nicht nur die Damen. Und wenn Seine Majestät fertig war, mußte ein Fachmann nachschauen, ob das, was er auf dem Nachtstuhl gemacht hatte, auch in Ordnung war. Aber das ist noch gar nichts. Die anderen Lakaien hatten noch viel mehr zu tun, zum Beispiel die vielen Leute in der Küche. Dort trieb sich eine ganze Brigade von Suppen-, Braten-, Fisch- und Gemüseköchen

63

Paris, 20. Jahrhundert, siebziger Jahre.

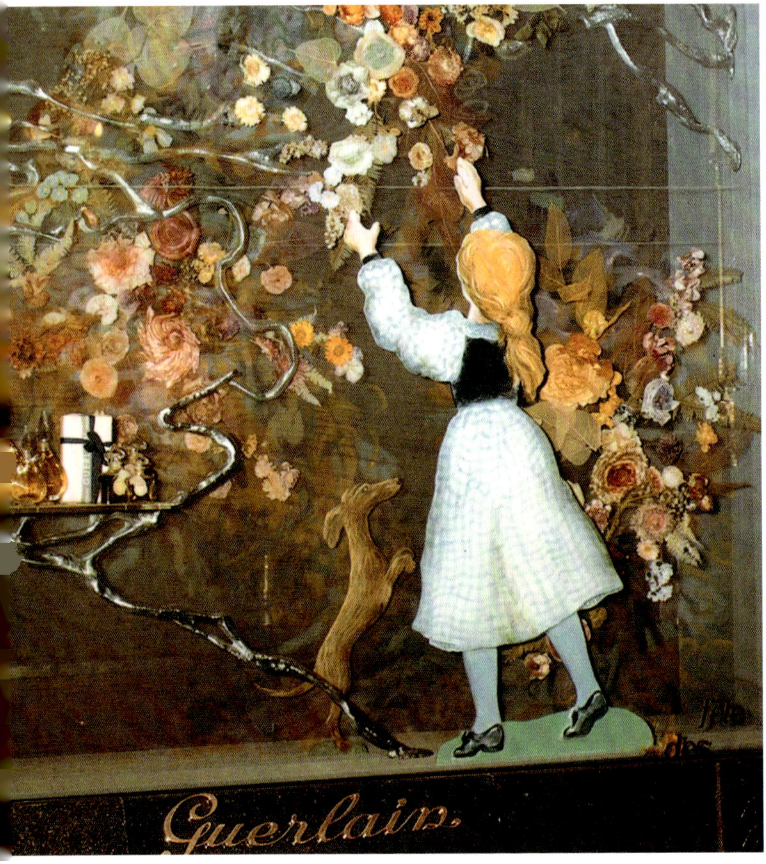

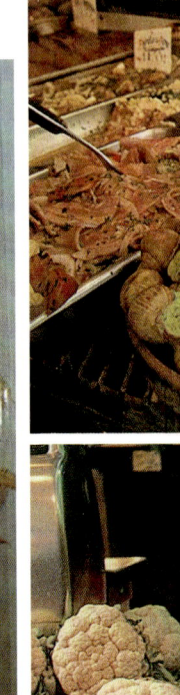

herum, gar nicht zu reden von den Pastetenbäckern und Tellerwäschern. Für alles, was die Herrschaften verschlangen, gab es einen eigenen Spezialisten. Und was ist passiert, als die Franzosen ihren König köpften? Von einem Tag auf den andern stand die ganze Bande auf der Straße. Ein Heer von arbeitslosen Dienstboten.«

»Na und?«

»Aber ihr wißt bestimmt, daß die Revolution auch ein
Geschäft war. Bei jedem Umsturz kassiert jemand. Und die
neuen Reichen wollten auch etwas Gutes essen, nur daß
ihre Frauen keine Lust hatten, etwas Anständiges für den
Herrn Gemahl zu kochen. Sie wollten lieber ausgehen. Und
so, meine Lieben, ist das Restaurant erfunden worden. Im
Handumdrehen schossen die Delikatessenläden, die Bistros

3 Cailles
14 80

EXTRA

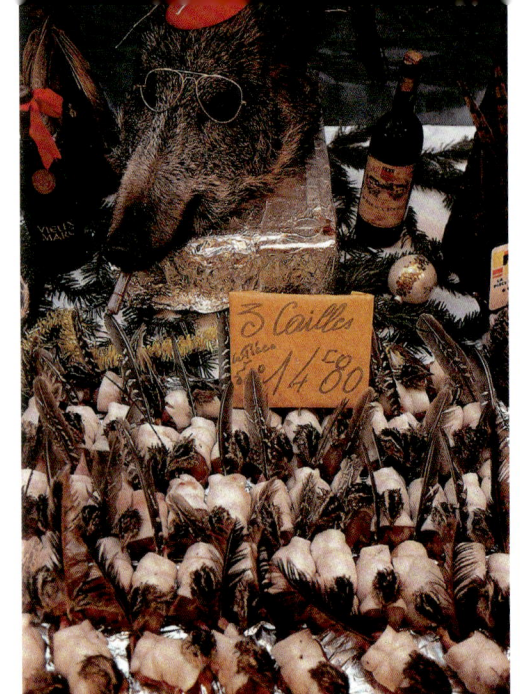

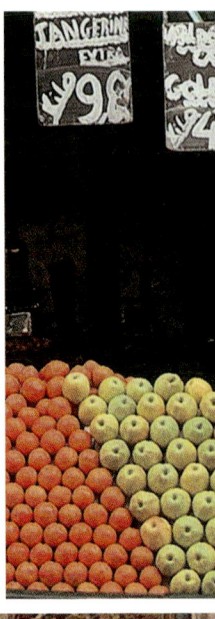

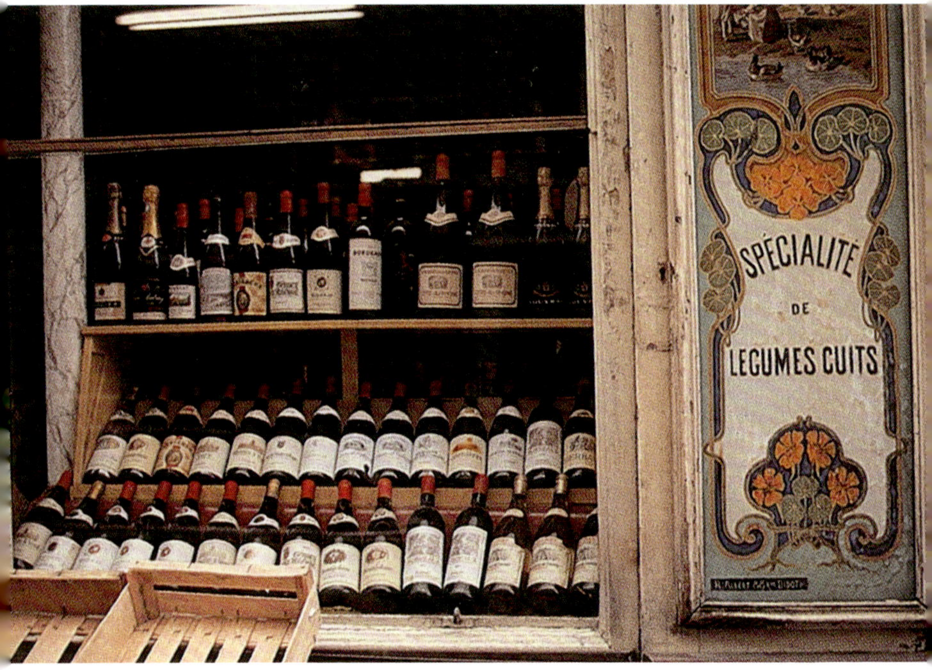
SPÉCIALITE
DE
LEGUMES CUITS

und die Garküchen aus dem Boden. Aber nun haben wir für heute genug diskutiert. Wie steht es mit eurem Hunger? Ihr seid natürlich eingeladen. Wohin wollt ihr? Zum Sternekoch oder zur Frittenbude?«

Wir waren erschöpft von Tante Fés Erzählungen und ließen uns das sehr gern gefallen. Sogar Fanny wollte statt ihrer Pizza ausnahmsweise eine Hummersuppe und einen Coq au Vin probieren. Ich konnte sie nicht davon abhalten, am Ende auch noch eine Crêpe Suzette zu bestellen. Mir wäre dabei vielleicht schlecht geworden. Aber ihr macht das nichts aus; denn sie hat mit ihren sieben Jahren einen größeren Magen als ich.

Unser nächstes Treffen mit der Tante mußte ausfallen, weil sie indisponiert war. Ich weiß, was das bei ihr bedeutet. Nicht, daß es ihr schlechtging. Sie hatte bloß keine Lust. Ich glaube, sie geht manchmal den Erinnerungen an ihre Glanzzeiten als Ballkönigin nach. Vielleicht hat sie sich auch nur mit einem Schmöker ins Bett gelegt. Sie liest gern dicke Bücher.

Außerdem hat am Freitag der Herr Semmelschneider bei uns angerufen. Das ist der Steuerberater, der sich um Vaters Papierkram kümmert. Der muß nämlich jedes Jahr eine Steuererklärung abgeben, wegen seiner kleinen Nebentätigkeiten, und weil Mama ein bißchen was dazuverdient. »Tut mir leid, Herr Federmann, aber da gibt es noch ein paar Unklarheiten, die wir klären sollten.« Semmelschneider ist so ein mausgrauer Typ, den ich nicht leiden kann. Aber er kennt sich aus, weil er früher beim Finanzamt gearbeitet hat.

Willst Du von mir lassen, so bitte ich, nimm von mir das Geld.
1. Mose 23,13

Jetzt ist er, glaube ich, pensioniert, oder sie haben ihn raus-geschmissen. Es ging darum, ob Franz Federmann irgend etwas absetzen kann. »Nein, mit Ihrem Arbeitszimmer wer-den wir kein Glück haben. Das erkennt das Finanzamt nicht an. Aber Ihre Fortbildung! Sie müssen sich doch auf dem laufenden halten! Seminare, Schulungen! Und wie ist es mit haushaltsnahen Dienstleistungen?« – »Na ja, einmal war der Schlüsseldienst da, weil der Fanny alles, was sie dabeihatte, aus dem Schulranzen gefallen ist. 139 Euro mit Anfahrt und Mehrwertsteuer.« So oder so ähnlich läuft das ab.

Meinen Vater macht diese Zettelwirtschaft nervös. Immer neue Fragen: »Haben Sie alle Belege zur Hand? Nebenein-nahmen aus dem Schachklub? Versicherungsprovisionen? Und was ist mit Ihrer Frau? Zugewinn oder Gütertrennung? Wie hoch war der Verdienst bei ihrem Halbtagsjob im Bio-laden? Wie sind die Renten- und Pensionsansprüche ge-regelt? Wegen eventueller Sonderzahlungen muß ich noch in den Akten nachsehen.

Und glauben Sie ja nicht, Herr Federmann, daß ich mich leichttue mit dem deutschen Steuerrecht! Da muß man genau unterscheiden zwischen erstens den Einnahmen, zwei-tens der Summe der Einkünfte, drittens dem Gesamtbetrag der Einkünfte, viertens dem Einkommen, fünftens dem zu versteuernden Einkommen und sechstens dem Einkommen nach Steuern.«

Meinem Vater schwirrt der Kopf, wenn er so redet. Bei die-sem Kasperltheater darf unsere Bozena natürlich nie erwähnt werden, sonst runzelt Semmelschneider die Stirn und spricht von Schwarzarbeit. »Wir wollen doch keine Betriebsprüfung riskieren! Das mit der Fachliteratur kriegen wir sicher hin. Nur keine Sorge!«

Er will meinen Vater trösten. Wie ein verständnisvoller Beichtvater reibt er sich die Hände und macht sich an Papas uraltem Computer zu schaffen, um alles in Ordnung zu bringen. Dafür schickt er dann eine ausführliche Rechnung. Solange der Steuerberater im Haus ist, darf Papa auf keinen Fall gestört werden.

Ich habe bemerkt, daß Fabian sich für dieses blöde Thema wirklich interessiert. »Wenn der Semmelschneider gegangen ist«, sagt er, »dann ist es am besten, wenn ich Papa nicht frage, wie es gelaufen ist. Sonst regt er sich auf. Er zeigt mir die Bescheide und die Formulare und fragt mich, ob ich sie sehen will. Auf keinen Fall! Ich möchte ja nicht riskieren, daß ich selber einen Wutanfall kriege; und das wäre sinnlos, weil ich bisher kein Geld verdiene. Also kann mir das Finanzamt auch nichts wegnehmen.«

Großpapa soll vor dem Zweiten Weltkrieg einmal erzählt haben, daß die Einkommensteuer vor 1914 höchstens neun Prozent betrug. Das war der höchste Steuersatz überhaupt. Und heute? »Rate mal, wie lange ich für den Fiskus arbeite«, schimpft mein Vater. Was soll der arme Fabian dazu sagen?

Er muß sich jedesmal die ganze Steuerpredigt anhören. »Neulich habe ich gelesen, daß die ganz großen Konzerne wie Google, Amazon und so weiter praktisch überhaupt nichts bezahlen. Die sitzen in Luxemburg oder auf einer Kanalinsel, und mit ihrer Lobby und ihren Anwälten sorgen sie dafür, daß sie ungeschoren bleiben. Glaubst du, daß das stimmen kann?«

Wenn es ernst wird, muß man lügen.
J. C. Juncker, Ex-Premier- und Finanzminister – verantwortlich für die speziellen Steuervereinbarungen Luxemburgs mit großen Unternehmen – seit 2014 Chef der EU-Kommission.

71

s.a. Luxemburg-Leaks

Fabian konnte diese Frage nicht beantworten. Aber sein Vater hatte noch etwas anderes auf dem Herzen.

»Noch nie«, fuhr es aus ihm heraus, »hat sich jemand dafür bedankt, daß ich über ein Drittel meines Gehalts abgebe! Mir wird ja nicht nur die Steuer abgezogen, sondern auch der Soli, der Rentenbeitrag, die Kranken-, die Pflege-, die Zusatzversicherung, die Fernsehsteuer. Und wenn ich die Kfz-, die Mineralöl-, die Strom- und die Mehrwertsteuer dazurechne, zahle ich über die Hälfte. Damit muß ich mich abfinden. Aber daß mich die Behörden immerzu anraunzen, geht mir über die Hutschnur. Man wird dauernd verdächtigt. Dabei schaut ja kein Mensch mehr durch. Selbst dem Herrn Semmelschneider, der jeden Tag mit diesem Mist zu tun hat, sind die Verordnungen und Erlasse längst über den Kopf gewachsen. Und dabei wagen es die Politiker auch noch, von Steuergeschenken zu reden – sie denken wohl, die Einnahmen, die sie uns abknöpfen, wären ihr Privateigentum.«

Die dümmsten Ratten sind die, die das Schiff verlassen, das gar nicht sinkt.
Wolfgang Schäuble

Eines muß man Fabian lassen. Vor einer Diskussion schreckt er selten zurück. Also hat er Papa Kontra gegeben: »Für das, was du abgeben mußt, haben wir aber einen Wohlfahrtsstaat, der dafür sorgt, daß hier niemand mehr zu hungern braucht. Und schließlich gibt es bei uns auch einen Mindestlohn.«

»Und wie soll den ein kleiner Friseur bezahlen? Wenn die großen Betriebe ins Ausland abwandern, was passiert dann mit den Arbeitsplätzen?«

»Den Mindestlohn gibt es schon lange, Papa, in Holland oder Frankreich. Sogar in Rumänien! Und der hat noch nie die Wirtschaft abgewürgt, wo er eingeführt worden ist. Du beschwerst dich über die Steuer, aber sag mir doch, ob du die Feuerwehr überflüssig findest? Du hast doch nichts gegen Autobahnen, Universitäten, Kläranlagen? Und überhaupt: Wer bezahlt denn deine Pension, wenn du dich endlich nicht mehr mit deinen Kfz-Zulassungen herumschlagen mußt?«

Ja, wenn er so weitermacht, kann aus Fabian noch ein ordentlicher Sozialdemokrat werden. Ich weiß nicht, wie lange er sich mit Papa herumgestritten hat. Als er sich wieder beruhigt hatte, sagte ich zu ihm: »Schon gut, Brüderchen, du hast dich wacker geschlagen. Aber mir reicht es jetzt. Ich muß morgen in der Chemiestunde etwas über den Unterschied zwischen aromatischen und aliphatischen Verbindungen erzählen, und deshalb gehe ich jetzt lieber ins Bett.«

Eine Woche später hat es wieder geklappt. Tante Fé war offensichtlich ihrer Leidensmiene überdrüssig. Ich habe sogar in ihrem Badezimmer nachgesehen, ob sie irgendwelche Medikamente genommen hatte. Aber keine Spur. Nirgends ein Arztrezept. Ich vermute, daß sie nur ein dickes Buch lesen und ihre Ruhe haben wollte.

Nach der üblichen Routine mit Herrn Forster am Steuer, mit dem Portier und dem Liftboy stand schon das Teeservice bereit, und auf Fanny wartete ein üppiger Eisbecher. Die Gastgeberin hatte sogar ein wenig Rouge aufgelegt. Weil sie vergessen hatte, uns eine neue Aufgabe aufs Auge zu drücken, schlug sie ein neues Thema an. Sie warnte uns vor der Treuherzigkeit.

»Wenn jemand zu euch sagt: Bitte, bitte, vertraut mir doch! – dann ist immer etwas faul. Merkt euch das! Sie betteln um euer Vertrauen, und dafür geben sie Millionen aus.«

»Wer denn?«

»Na, die Banken, die Parteien, die Konzerne, die Super-
märkte. Sie kleistern alles mit Plakaten zu, schalten Anzeigen
in den Zeitschriften und Werbespots im Fernsehen. Überall
hält ein Großmütterchen mit blauer Schürze einem irgendein Waschpulver, einen Klospüler oder eine Wunderpille vor
die Nase. Im Wahlkampf schauen euch die Kandidaten an,
als ob sie kein Wässerchen trüben könnten, und flehen euch
händeringend an. Sie wollen ja nur euer Bestes: eure Stimmen und euer Geld. Und warum geben sie sich soviel Mühe?
Weil sie euch schon so oft hereingelegt haben, daß ihnen
kein Mensch mehr glaubt. Ich kann nur hoffen, daß ihr das
kapiert.«

»Immer wieder schimpfst du auf die Politiker«, prote-
stierte Fabian. »Du tust so, als wären sie an allem schuld.«

»Vielleicht nicht«, sagte Fanny. »Aber eines ist sicher: daß
sie die größten Langweiler sind. Jedesmal, wenn Wahl ist,
pappen sie ihr Gesicht an die Wand und wollen, daß man
für sie stimmt. Dabei will immer nur der eine den andern

wegschubsen. Ihr ewiges Gerangel sollten sie lieber unter sich ausmachen.«

»Und du, Fanny? Was machst du auf dem Schulhof? Du und deine Clique gegen die andern, die ihr blöd findet.«

»Nur weil sie in der Parallelklasse sind.«

»Wer hat denn neulich der kleinen Paula ihr Handy weggenommen?«

»Was willst du damit sagen?«

»Daß ihr's genau wie die Politiker macht.«

»Wie im Kindergarten«, schloß Tante Fé die Geschwisterdebatte. »Oft tun mir die Politiker sogar leid. Es bleibt ihnen ja nichts anderes übrig, als zu tricksen und zu mogeln. Manchen macht das Spaß, aber wenn einer eine Idee hat und etwas erreichen will, werfen die andern ihm Prügel zwischen die Beine. Der Fraktionsvorsitzende muß genau wie der letzte Hinterbänkler sein Leben vor allem in Sitzungen zubringen, eine der ödesten Beschäftigungen, die man sich vorstellen kann. Nein, zu beneiden sind diese armen Kerle nicht.

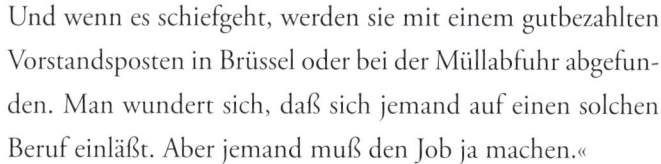

Reales Leben:
Tretmühle oder
Laufrad?

Und wenn es schiefgeht, werden sie mit einem gutbezahlten Vorstandsposten in Brüssel oder bei der Müllabfuhr abgefunden. Man wundert sich, daß sich jemand auf einen solchen Beruf einläßt. Aber jemand muß den Job ja machen.«

»Andere schuften vierzig Jahre in einer Vulkanisieranstalt oder in einem Hotelklo«, wandte Fabian ein.

»Und beim letzten Mal, Tante Fé, hast du selber gesagt, daß wir alle dran glauben müssen. Denn sonst könnte man sich ja auf nichts mehr verlassen. Deine eigenen Worte! Der Obsthändler würde uns keine Kirschen mehr geben.«

»Es waren gar keine Kirschen, es waren Pilze.«

»Das ist völlig egal, Fanny.«

»Wenn alle so mißtrauisch wären wie du – das könnte ich nicht aushalten.«

»Ach, Fabian, du bist lieb. Du gefällst mir. Solange du deinen Eltern vertraust oder einem Freund, meinetwegen! Vielleicht kennst du sogar einen Lehrer, auf den du dich verlassen kannst, oder einen Handwerker, der dir schon ein paarmal dein altes Rad zusammengeflickt hat. Das sind alles Leute, die du erprobt hast.

Ich möchte nur nicht, daß du auf die Institutionen hereinfällst, die dich fortwährend mit ihren Sprüchen bombardieren. Denen darfst du kein Wort glauben. Bettelbriefe, auf denen dir ein halbverhungertes schwarzes Baby hilfesuchend in die Augen schaut, kannst du gleich wegschmeißen. Die schärfen dir zwar ihre Kontonummer ein, aber sie hüten sich, ihre Werbekosten zu erwähnen. Weißt du, wieviel sie für ihre eigenen Gehälter, für irgendwelche Verwaltungskosten und für ihre Reklame ausgeben? Mindestens ein Drittel. Manche langen sogar noch kräftiger zu. Aber egal, wer es ist, paß auf, Fabian! Vertrauen ist etwas Seltenes. Einmal mißbraucht – schon ist es spurlos verschwunden, und zwar für lange Zeit. Ich weiß, wovon ich rede.«

»Ich glaube, das ist nur die halbe Wahrheit, Tante Fé. Siehst du, ich brauche nur zu dem schnurlosen Telephon auf deinem Schreibtisch zu greifen und die Feuerwehr oder den Notarzt zu wählen – da steht es doch: 112 oder 110! –, dann kann ich sicher sein, daß die wirklich kommen. Unser Vater hat neulich die Polizei geholt, weil unsere Nachbarn mitten in der Nacht einen Heidenlärm gemacht haben, und in fünf Minuten war ein Streifenwagen da, und sofort gaben sie Ruhe. Übrigens mußten wir keinen Pfennig bezahlen.«

So kommen wir nicht weiter, dachte ich, und darum habe ich mich eingemischt. »Ja, mein lieber Fabian, so etwas gibt es. Einmal, beim Schlittschuhlaufen, war ein dicker kleiner Junge eingebrochen, weil er sich zu weit aufs dünne Eis gewagt hat, und tatsächlich war gleich ein muskulöser Typ zur Stelle, der ihn herausgeholt hat, vollkommen kostenlos. So etwas gibt es. Schau mal, was ich hier habe! Einen Kugelschreiber, auf dem steht: Dachdeckerei Fritz Oschetzke, Neubrandenburg. Nur, daß ich nie in Neubrandenburg war und keinen Dachdecker kenne. So ein Stift ist ein herrenloses Gut, das überall herumwandert. Das ist allerdings auch das einzige Feld, auf dem der Kommunismus gesiegt hat. Du kannst auch auf der Straße jeden um Feuer bitten, im Krankenhaus nach einem Glas Wasser fragen, oder im Café aufs Klo gehen, alles gratis. Jedenfalls bis jetzt. Obwohl sie am Bahnhof bereits Geld dafür verlangen, weil da irgendeiner eine Geschäftsidee hatte, wie man Geld aus der Scheiße machen könnte.«

»Ein Euro fünfzig, das ist der reinste Wucher!« schimpfte Fabian.

»Trotzdem solltest du dir hinter die Ohren schreiben, was Tante Fé gesagt hat. Dein tolles Telephon bietet dir immerzu etwas an, was angeblich nichts kostet. Surf and Phone Flat-rate, Skype, Twitter und was weiß ich noch alles! Einfach und flexibel, zum Vorteilspreis. Das ist immer gelogen! Schau dir einmal die sogenannten Nutzungsbedingungen an, also das, was früher das Kleingedruckte hieß. Bei Facebook sind es ungefähr 35 000 Buchstaben. Du würdest dich wundern, Fabian, was da alles steht. Nicht nur, daß sie dich duzen; sie sagen auch: ›Wir behalten uns sämtliche Rechte vor, die dir nicht ausdrücklich gewährt werden.‹ Natürlich liest kein Mensch diese heimtückische Unterwerfungserklärung zu Ende, die du sicherlich prompt unterschrieben hast.«

Geiz wird nicht satt, bevor er nicht den Mund voll Erde hat.

»Bravo, Felicitas. Ich begreife sowieso nicht, warum die Leute immer auf diesen lästigen Dingern herumfingern. Im Zug, im Auto, auf der Straße reden sie darauf ein. So was von schlechten Manieren!«

»Warte nur, Tante Fé, bis dein Herr Forster mal eine Auto-panne hat, oder du wirst mal ohnmächtig. Das könnte sogar dir passieren. Dann bist du froh, wenn ich mein kleines Telephon aus der Tasche ziehe.«

»Ich möchte lieber nicht wissen, was du mir alles an den Hals wünschst, mein Kleiner, damit du, wenn es mir schlecht-geht, den Retter aus der Not spielen kannst. Aber bis es so weit kommt, solltest du einsehen, daß nicht nur hinter deiner Netz-Mafia, sondern auch hinter jedem Preisausschreiben, jeder Treueprämie, jedem Gutschein eine Gaunerei steckt. Ich halte mich lieber an die alten Sprichwörter, und eines von denen, die ich als Kind gehört habe, heißt: Umsonst ist der Tod. Nur bei mir nicht. Zumindest hier im Hotel geht alles auf meine Rechnung.«

»Bei uns zu Hause heißt es immer, wir müssen sparen«, beschwerte sich Fanny.

»Das tut mir leid. Und was machst du, wenn es bei dir hinten und vorne nicht reicht?«

»Dann muß man sich eben den einen oder anderen Wunsch abschminken«, erklärte Fabian. »Ich hätte gern ein neues Fahrrad. Aber das kann ich mir nicht leisten.«

Fanny dachte nach und meinte: »Meine Freundin Lili könnte mir sicher etwas pumpen. Sie braucht nur ihren Papa zu fragen.«

»Ja, wenn das so ist«, sagte die Tante. »Du könntest es aber auch so wie deine Mutter machen. Neulich hat sie mir stolz ihren neuen Sommermantel aus Fallschirmseide vorgeführt. Wahrscheinlich auf Ratenzahlung, oder sie überzieht ihr Konto und nimmt einen Dispo, obwohl dafür gewöhnlich Wucherzinsen fällig werden.«

»Dispo?«

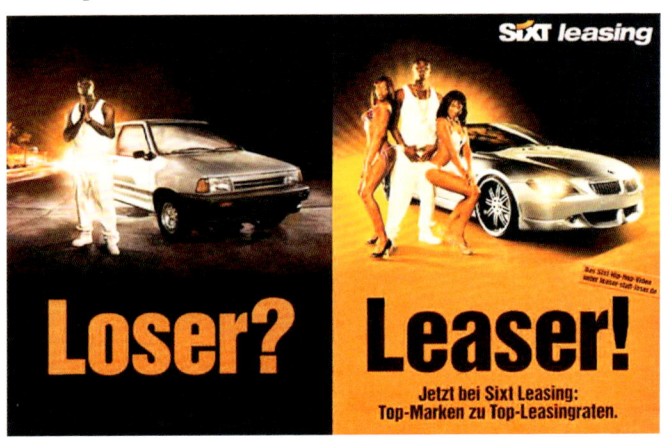

82

»Dispositionskredit. Vergiß es. Viel zu teuer! Aber ein Sommermantel für deine Mutter ist noch lange nicht das schlimmste. Stellt euch vor, ihr wolltet euch irgendwann ein Haus kaufen, und dafür habt ihr nicht Geld genug. Was macht ihr dann?«

»Keine Ahnung.«

»Dann macht ihr es so wie Franz. Ihr geht zur Bank und nehmt eine Hypothek auf. So ähnlich wie eine Firma, die wachsen will, oder eine Fabrik, die neue Maschinen braucht. Wenn ihr alles mögliche unterschreibt, gibt euch die Bank vielleicht einen Kredit. Aber nur gegen Sicherheiten.«

»Was soll das heißen?«

»Du mußt irgend etwas haben, wo die Bank die Hand drauflegen kann. Ein Grundstück zum Beispiel, oder ein sicheres Einkommen wie dein Vater. Wer keinen Job hat, dem geben sie nie auch nur einen Cent. Sie wollen sicher sein, daß Franz immer seine Zinsen zahlen kann, und nicht nur das. Er muß außerdem jedes Jahr ein paar Prozent von dem zurückgeben, was er der Sparkasse schuldet. Das nennt

man die Tilgung. So geht das jahrzehntelang. Und der Witz dabei ist, daß das Haus im Grunde genommen gar nicht mehr den Federmanns gehört, sondern der Bank. Das steht alles im Vertrag. Wenn eure Mutter auf die Idee käme, sich scheiden zu lassen …«

»Mama würde nie im Leben abhauen.«

»Woher willst du das wissen? Ich will gar nicht daran denken, wie oft ich schon abgehauen bin.«

»Das mußt du uns erzählen«, sagte ich. Aber Tante Fé wollte nicht.

»Also mal angenommen, Franz könnte die Zinsen für seine Hypothek nicht mehr bezahlen. Dann würde die Sparkasse sofort zuschlagen, und ihr stündet auf der Straße. Das ist der Haken bei den Krediten. Eigentlich kriegt man nur dann einen Kredit, wenn man gar keinen nötig hat. Derjenige, dem du etwas schuldig bist, der ist dann dein Gläubiger.«

»Das haben wir schon gehabt. Es hat mit dem Vertrauen zu tun, und damit, daß man dran glauben muß.«

»Eben. Ich habe euch ja gewarnt. Wer nicht aufpaßt, der hat bald nichts mehr zu lachen. Was ist los? Ihr seht auf einmal so verdruckst aus. Habe ich euch deprimiert?«

Keiner von uns war so recht zufrieden mit Tante Fés Predigt über Vertrauen, Kredit, Sicherheiten, Tilgung und so weiter.

»Na, dann lassen wir uns fürs nächste Mal etwas Lustigeres einfallen. Ich lade euch am kommenden Mittwoch zu einem Ausflug ein.«

Wohin es gehen sollte, wollte sie nicht verraten. »Laßt euch überraschen, Kinder!«

Auf dem Heimweg sagte Fanny: »Das mit der Scheidung finde ich zum Kotzen. Und die Sparkasse ist unverschämt. Ich will nichts mehr davon hören.«

»Du brauchst ja nicht mitzukommen, wenn wir einen Ausflug machen.«

Natürlich ist sie mitgefahren, schon aus lauter Neugier.

Wir waren gespannt. Doch zur vereinbarten Stunde stand kein Herr Forster mit der großen Limousine bei uns vor der Tür, um uns abzuholen. Diesmal wollte Tante Fé etwas völlig Neues ausprobieren: eine Fahrt mit dem Reisebus. Offenbar hatte sie sich bei Herrn Stäuble erkundigt, wo ein so eigentümliches Fahrzeug zu finden war: am ZOB. Fabian wußte sofort, was das bedeutet: Zentraler Omnibusbahnhof. »Wir treffen uns dort, Kinder. Ihr nehmt euch ein Taxi. Hier habt ihr ein bißchen Geld.«

An der Information fragte Tante Fé, wann der nächste Bus abfahren werde. »Wohin wollen Sie denn?«

»Das spielt keine Rolle.«

»In einer Viertelstunde fährt einer nach Klatovy.«

»Wo mag das sein?«

»In Tschechien. Wo genau, weiß ich nicht. Fragen Sie den Fahrer.«

»Um so besser. Ihr habt doch nichts gegen eine Fahrt ins Blaue?«

Ich mußte noch schnell zur Bank, um Geld zu wechseln, weil die Tante wieder einmal nur große Scheine in ihrem Täschchen hatte, lauter Schweizer Franken. Ich brachte ihr gleich ein paar tschechische Kronen mit.

»Die sehen irgendwie altmodisch aus«, sagte sie. »Sehr sympathisch!«

Wir stiegen als letzte ein. Der Bus war voll besetzt. Was das wohl für Leute waren? Typische Touristen sah ich nicht. Rentner vielleicht, Händler, Frauen mit Kopftüchern und großen bunten Einkaufstaschen aus Kunstfasern. Es gab auch einen bärtigen Waldschrat, der uns Honig und Haselnüsse verkaufen wollte – »alles aus eigener Ernte!«.

Die Fahrt bis zur tschechischen Grenze zog sich hin. Tante Fé hätte uns gern noch unterwegs den Unterschied zwischen Geld und Kapital erklärt, aber wir wollten lieber im Wildwuchs des Bayerischen Waldes nach Luchsen und Bibern schauen und vertrösteten sie auf später. Als wir zum Schlagbaum mit dem weißen Löwen im Wappen kamen, stiegen zwei gestiefelte Zöllner in den Bus. Aber die hatten gar keine Lust, uns zu kontrollieren. Sie bauten sich nur vor ein paar asiatisch wirkenden Passagieren auf und verlangte ihren Paß und ihr Visum. Dann ruckten sie an ihren Koppelschlössern und winkten uns durch.

Hinter der Grenzstation behauptete Fanny, sie müsse unbedingt sofort aussteigen. »Gibt es hier ein Klo? Ich muß mal«, krähte sie. Doch auch wir wollten ein wenig Luft schnappen, weil es im Bus nach Knoblauch und verschwitzten Klamotten roch.

»Dann bleiben wir eben hier«, sagte Tante Fé. »Ich war noch nie in so einer Gegend. Das müssen wir uns ansehen!« Ich verstand ihre Begeisterung nicht, denn auf den ersten Blick hin sah es ganz so aus, als wären wir in einem trostlosen Provinznest gelandet. Am Straßenrand fiel mir eine lange Reihe von Buden auf, wo es allerhand Trödel zu kau-

fen gab. Kleinwüchsige Vietnamesen wollten uns gefälschte Uhren und geschmuggelte Zigaretten andrehen. Wir kauften nichts, aber Fabian bestand darauf, die Händler mit seinem neuen Handy zu filmen. Drei dieser drahtigen Zwerge wollten ihm das Telephon entreißen. Erst als Tante Fé mit erhobenem Stock drohte, ließen sie von ihm ab.

Dann kamen wir zu einer traurigen, mit Brettern vernagelten Kirche. Das war offenbar das Zentrum dieses Kaffs. Die Uhr war stehengeblieben, und über den Grabsteinen auf dem kleinen Friedhof machten sich die Brennesseln breit.

An der einzigen Straßenkreuzung lungerten ein paar kräftige, schwarzgekleidete Männer mit Goldkettchen herum und rauchten. Fabian war fasziniert von den Mädchen, die ihm aus den Hauseingängen zuzwinkerten. Sie trugen wattierte Jacken, Lackstiefel mit hohen Pfennigabsätzen, Netzstrumpfhosen und schwarze Miniröcke. »Komisch«, sagte er. »Hinten tragen sie alle einen Pferdeschwanz. Und was für riesige Ohrringe sie haben!«

Er wußte sofort, was hier los war. »Das ist ein Puff«, erklärte er seiner kleinen Schwester. Fanny fragte Tante Fé: »Was sollen wir denn hier?«

»Du weißt doch, was eure Mutter mir nachsagt. Daß ich so launisch bin.«

»Das stimmt nicht.«

»Jedenfalls meint Friederike, ich sei unvernünftig. Damit könnte sie sogar recht haben. Denn warum hätte ich euch sonst hierher geschleppt? Hier schaut es ganz so aus, als wären wir am Ende der Welt.«

»Das war deine Idee, Tante Fé.«

»Ja. Ich will schließlich nicht nur in meiner Villa in der Schweiz oder im Hotel herumsitzen. Ich möchte auch einmal etwas Neues erleben.«

Aber Fanny war zappelig und hungrig. Eine böhmische Bierwirtschaft schien es hier nicht zu geben, nur ein etwas schmuddliges chinesisches Kellerlokal, das mit einer grellbunten Leuchtreklame lockte und sich *Royal Garden* nannte.

»Also, was wollt ihr bestellen?« Frühlingsrolle, Hühnersuppe mit Kokosmilch, Pekingente – auf der Speisekarte stand genau dasselbe wie bei uns in der Vorstadt.

Tante Fé war immer noch begeistert. Sie fand es »interessant«, ein echtes Pilsner Bier zu trinken. Ungläubig starrte sie die schnurrbärtige Kellnerin an, die kein Wort außer Chinesisch sprach. Um etwas zu bestellen, mußten alle eine Nummer auf der Karte antippen. Als die Rechnung kam, wies die Kellnerin die Kreditkarte energisch zurück. Sie wollte nur Bargeld nehmen. »Sehr vernünftig«, sagte die Tante. Sie konnte kaum glauben, wie billig hier alles war. »Weniger als ein Sechstel von dem, was es in Genf kostet! Und die Mädchen auf der Straße sollen auch enorm günstig sein. Ich habe mich bei der Toilettenfrau erkundigt. Ratet mal, woran das liegt?«

Während Fanny noch den klebrigen Litschisaft vertilgte, den ihr der dicke Wirt persönlich hingestellt hatte, meinte Fabian, das sei doch völlig klar. Auf der einen Seite die Nachfrage, auf der andern das Angebot. Bei diesem Hin und Her komme dann der Preis zustande.

»Ha!« schnaubte Tante Fé, »das sagen sie alle! Das kommt davon, wenn man auf die Ökonomen hört. Aber wie das meiste, was sie uns weismachen wollen, ist das reiner Blödsinn.«

»So? Du durchschaust wieder einmal alle ihre Theorien, Tante Fé?«

»Denk doch mal nach. Du hast ja gesehen, was eine Armbanduhr hier beim Vietnamesen kostet. Soviel wie ein kleines Bier. Dabei liegt in Zürich eine andere im Schaufenster, die angeblich 600 000 Euro wert ist, obwohl sie auch keine andere Zeit anzeigt. Manche Künstler verkaufen Sachen, die sie an einem Nachmittag hingehauen haben, für eine halbe Million. Und bloß für eine Suite in einem Hotel in Dubai oder an der Place de la Concorde zahlst du 20 000 pro Nacht.«

»Wer das tut, ist selber schuld. Genauso wie bei den Flugtarifen. Damit kenne ich mich aus.« Mit solchen Fachkenntnissen meldete sich Fabian wieder. »Nach Stockholm kann ich für 19 Euro fliegen, aber ich kann auch 1800 für dieselbe Strecke hinlegen.«

»Bei den Huren ist es genauso, nur daß die teuren früher Kokotten hießen. Heute nennen sie sich Callgirls oder Escort Ladies. Es gibt Damen, die sich nach oben, und solche, die sich nach unten schlafen. Was können wir daraus schließen? Ist das Hexerei, ist es Willkür, oder ist es Schwindel? Das auch. Aber es gehören immer zwei dazu. Einer, der zahlt, und einer, der kassiert. Es gibt viele Leute, die sich für ihr Leben gern ruinieren. Oft tun sie's wegen einer Liebesgeschichte. Davon könnte ich euch die unglaublichsten Geschichten erzählen. Auch mir sind die Männer früher nachgelaufen und haben mit Geld um sich geschmissen, um mich zu beeindrucken. Es gibt aber auch welche, die vom Sammelwahn besessen sind. So einer muß unbedingt eine bestimmte Briefmarke oder ein hundert Jahre altes zerfleddertes Comic-Heft haben. Ich kenne einen, der im Schweiße seines Angesichts eine Kette von Bäckereien aufgebaut hat. Der bezahlt Unsummen für einen Haufen Blech, den ihm ein Galerist unterjubelt. Man greift sich an den Kopf, was die Leute aus lauter Eitelkeit ausgeben! Und das ist nicht nur im Kleinen so, sondern auch im Großen. Habt ihr den riesigen alten Kasten in Versailles gesehen? Man fragt sich, wozu dieses unförmige Schloß eigentlich gut war. Und was sollen die

Mit dem Geld war es wie mit dem Sex. Wenn's dir fehlte, dachtest du an nichts anderes, und wenn du genug davon hattest, stand dir der Sinn nach anderen Dingen.
James Baldwin

Moskauer Siegesparaden, wo der Präsident seine Orden und seine Raketen vorführt? Was das kostet, ist den Veranstaltern völlig wurst. Es geht ihnen nur darum, Eindruck zu schinden.

Du kannst doch Englisch, Felicitas. *Rational choice.* Davon hast du sicher gehört. Die Ökonomen, die mit diesem Spruch berühmt geworden sind, glauben ganz im Ernst daran, daß sich die Leute immerzu vernünftig verhalten, alles auf Mark und Pfennig genau berechnen und sich nur für das entscheiden, was ihnen einen Preisvorteil bringt. Darüber kann ich nur lachen. Kennt ihr jemanden, der so tickt?«

Die Tante nahm einen letzten Schluck von ihrem grünen Tee, klopfte auf den Boden, nahm die widerstrebende Fanny an die Hand und verließ das schummerige Lokal. Uns blieb nichts anderes übrig, als hinterherzutraben.

Draußen dämmerte es bereits, und es fing an zu nieseln. »Ich will nach Hause«, greinte meine kleine Schwester. Aber das war gar nicht so einfach. Denn der nächste Bus zurück in die Stadt fuhr erst nach Mitternacht. Für Tante Fé kam es jedoch nicht in Frage, in einem Bus zu übernachten. »Wir nehmen einfach ein gemütliches Hotel!«

Betretenes Schweigen. Ich ahnte, daß hier am Ort bestenfalls eine Bruchbude zu finden war. Tatsächlich schickte man uns zu einem dreistöckigen Plattenbau an der Kreuzung. Die einzige Unterkunft, die es gab, war nicht für Touristen gedacht und wurde nur stundenweise vermietet. Wir ließen uns von einem glatzköpfigen Türsteher, an zwei sehr, sehr jungen Damen vorbei, zur Rezeption bringen, weil Fanny todmüde war und schlafen wollte. Dort hielt uns eine ergraute Matrone wortlos zwei Schlüssel hin und wies nach oben.

Die beiden Zimmer boten das gleiche karge Bild. Ein schmales Eisenbett mit einer fleckigen Decke, ein rosa Lämpchen, ein Wasserkrug, ein dünnes Handtuch und ein klappriges Bidet, das war das ganze Inventar.

Bei diesem Anblick verdüsterte sich mit einem Schlag Tante Fés Miene. Sie erhob drohend ihren Stock und rief: »Es reicht!«

Das kannte ich schon. Ihre Stimmung konnte unversehens von der muntersten Neugier bis zur hellen Empörung umkippen. Fabian, der das zum ersten Mal erlebte, war erschrocken. Nur Fanny ließ der Zorn der Tante kalt. Sie beschwerte sich.

»Mich juckt es schon jetzt überall! Ich glaube, hier gibt es Flöhe oder Wanzen. Und kalt ist es auch. Ich will heim!«

»Sie hat recht!« sprach Tante Fé. »Hier bleibe ich keine Minute länger. Wir nehmen ein Taxi.«

»Ein Taxi? Wohin?«

»Nach Hause.«

»Das wird aber teuer.«

»Und wenn schon.«

»Meinst du, in diesem Kaff wäre ein Taxistand zu finden?«

Damit sah Fabian seine große Stunde gekommen. »Soll ich mal?« fragte er Tante Fé, und ohne ihre Antwort abzuwarten, begann er, auf seinem Telephon herumzufingern. Es dauerte nicht lange, bis er in der Provinzhauptstadt zwei Anbieter gefunden hatte, von denen der eine sogar Deutsch sprach. Erstaunt hörte sich die Tante an, wie geschickt er verhandelte. »Bitte keine von diesen winzigen Blechbüchsen«, ermahnte sie ihn. »Wir sind zu viert.«

Triumphierend verkündete Fabian: »Ich habe einen dunkelblauen Mercedes E 200 Benziner aus Klatovy. In einer halben Stunde ist er da.«

»Das hast du sehr gut gemacht, mein Junge. Wie ist der Chauffeur?«

»In der Agentur war nur eine heisere Dame am Telephon.«

Draußen hatte es aufgehört zu regnen, und Tante Fé hatte sich beruhigt. Sie ließ sich von einem der gestiefelten Mädchen, die auf Freier warteten, Feuer für ihre Virginia geben und bot ihr auch eine an.

Der Mercedes erschien pünktlich auf die Minute. Der Fahrer war mit Herrn Forster nicht zu vergleichen. Er war mager und hatte einen Klumpfuß. Als er die Tante in den Wagen komplimentierte, schlug ihr eine Schnapsfahne entgegen. Auch der Geruchspender fehlte nicht, ein Tannenbäumchen, das am Rückspiegel hing. Tante Fé bekreuzigte sich, als sie hinten einstieg. Fabian nahm vorne Platz, und ich drückte Fanny an mich, die sofort einschlief.

Mirko, so nannte sich der Mann mit dem Bocksfuß, fuhr beängstigend schnell. Die Zöllner kannten ihn schon, aber auf der anderen Seite der Grenze stoppte ihn ein Polizist mit der Kelle in der Hand, verlangte seine Papiere und drohte ihm mit einem Alkoholtest. Erst als ihm Tante Fé mit einem bezaubernden Lächeln ihre Visitenkarte überreichte, ließ er von Mirko ab. Schmuggler oder Dealer, dachte ich, sollten sich immer von einer imposanten alten Dame begleiten lassen; dann kämen sie selbst bei der bayerischen Schleierfahndung ungeschoren davon.

Wir sind erst am Donnerstag um sechs Uhr früh nach Hause gekommen. Als Fanny ausgeschlafen hatte, wurde sie von der Mutter beiseite genommen und verhört. »Warum seid ihr so spät nach Hause gekommen? Was ist bei euerm Ausflug alles passiert?«

Die Lehren der Tante über Angebot und Nachfrage konnte Fanny nicht wiedergeben, weil sie nicht aufgepaßt hatte. »Und wo habt ihr übernachtet?«

»Das sag ich nicht.« Sie druckste herum, und wahrscheinlich hat sie ein bißchen geheult.

Als mein Vater nach Hause kam, wurde er mit der Feststellung konfrontiert: »Das Kind war völlig durcheinander. Sie hat sich bei mir ausgeweint. Und stell dir vor, was deine Tante den Kindern alles erzählt hat! Sie waren im Ausland, an einem finsteren Ort, wo es sogar ein Bordell gab.« Er wird ratlos mit den Schultern gezuckt haben, als er das hörte. Aber meine Mutter ist nicht so leicht zu bremsen, wenn sie einmal in Fahrt kommt. »Du wirst nicht glauben, was sie den Kindern weisgemacht hat.«

»Sag schon.«

»Daß wir uns womöglich scheiden lassen.«

»Unsinn!«

»Und was dann die Bank dazu sagen würde. Wir könnten unser Haus verlieren, wenn es soweit käme. Tante hin oder her – das lasse ich nicht auf mir sitzen. Neulich hat sie den Fabian auch noch gegen den Staat aufgehetzt.«

»Wie kommst du darauf?«

»Wegen der Steuer.«

Erst dann hat sich mein Vater dazu aufgerafft, ihr zu widersprechen: »Wenn du mich fragst, hat die Fé mit dem, was sie über das Finanzamt sagt, vollkommen recht.«

»Trotzdem. Manchmal glaube ich, die Tante Fé ist verrückt geworden.«

»Beruhige dich doch, Friederike. Noch ein paar Tage, dann reist sie bestimmt wieder ab.«

Diese Unterhaltung habe ich zwar nicht selber mit angehört, aber ich kann mir vorstellen, wie sie abgelaufen ist; denn so geht es nicht nur bei uns zu. Wer eine Familie hat, kennt das. Und wer die Tante so gut kennt wie ich, der weiß auch, daß sie den mißratenen Ausflug bald wieder vergessen wird.

Als wäre nichts gewesen, lud sie uns eine Woche später von neuem ins Hotel ein. »Du solltest lieber zur Gesangstunde gehen, Fanny«, mahnte die Mutter. »Muß ich nicht, Mama! Der Musiklehrer haut jedesmal auf sein Pult, wenn ich falsch singe oder steckenbleibe.«

»Ich mag es nicht, wenn ihr schwänzt.«

»Die Gesangstunde ist freiwillig. Ich gehe lieber zur Tante Fé.«

Dagegen war nichts zu machen. Ich fragte mich, was sie sich diesmal ausgedacht hatte.

Es war ein heißer Nachmittag. Unsere Gastgeberin hatte die Klimaanlage angeworfen und geeiste Blütentees bringen lassen. Ein wenig *small talk* über die Eltern und über die Schule, aber dann kam sie, wie jedesmal, auf das Geld zu sprechen. Diesmal war die Frage nicht, woher es kommt, sondern, wie es riecht, wie es sich anfühlt und wie es schmeckt.

»Am besten ist es, wenn man es selbst verdient«, behauptete ich. Das war eine Unverschämtheit, weil ich ahnte, daß die meisten, die hier am Tisch saßen, vom Geld der anderen

lebten, besonders meine Tante. Aber diese Andeutung schien sie keineswegs zu ärgern.

»Das stimmt. Selbstverdientes Geld schmeckt anders als geschenktes oder geliehenes. Man kann es sich auf der Zunge zergehen lassen wie eine Praline. Schulden oder Almosen bleiben einem leicht im Hals stecken. Wenn möglich, sollte man die Finger davon lassen. Übrigens spielt auch der Tastsinn eine Rolle.«

»Wie meinst du das?«

»Früher konnte man das Geld anfassen. Denn anfangs war es fest, hart und schwer. Aus Gold oder Silber. Nur ist es dabei nicht lange geblieben. Schon die Römer beherrschten die Kunst der Fälschung. Zuerst mischten sie ein bißchen Kupfer, Zinn oder Blei in die Münzen. Dann wog es immer weniger, bis nur noch ein bißchen Blattgold an der Oberfläche übrig war. Darum nahmen die Leute das Geld gern in den Mund. Sie bissen darauf. Nicht nur die Fälscher

erlebten manche Blütezeit – ihr wißt ja, daß man ihre Nach-
ahmungen Blüten nennt –, nein, auch Kaiser und Landes-

Geld wird
nicht gehenkt. herrn waren stets erfinderisch, wenn es darum ging, ihre
Schulden loszuwerden. Im Dreißigjährigen Krieg feierten die
Kipper und Wipper Triumphe. Das waren kleine Gauner, die
mit der Waage hantierten und genau wußten, wie man die
Silbermünzen mit Kupfer, Zinn oder Blei streckt.«

»Und woher weißt du das alles?«

»Ach Kinder! Einmal kannte ich einen Mann, der Schweizer Fünf-Franken-Stücke hamsterte, weil sie aus Silber
waren, und weil der Silberpreis so lange stieg, bis das Metall
mehr wert war als die Münzen. Dabei machte er eine Zeitlang ein gutes Geschäft, weil er sie einschmelzen ließ. Bis
die Schweizer einsahen, daß Kupfer, Nickel und Aluminium
billiger waren. Seit 1967 müssen sich die Schweizer mit Blech
begnügen.«

»Wie in der DDR! Dort wurde das Geld auch immer
leichter.«

»Aber die gaben sich sogar mit Aluminium ab. Überall wurde das Geld immer billiger und immer weicher. Noch genialer als die Prägung war natürlich die Erfindung des Papiergeldes. Schaut euch mal an, was auf diesem Zettel steht!«

Und Tante Fé zückte aus den Tiefen ihrer Handtasche einen Dollarschein aus dem Jahr 1926. Ich mußte vorlesen, was da zu lesen war:

»*Redeemable in gold on demand at the United States Treasury.* Kann im Schatzamt der Vereinigten Staaten in Gold eingelöst werden.«

»So etwas Ähnliches versprach auch die Bank of England auf ihren Banknoten«, sagte die Tante. »Aber das war natürlich gelogen. Ich will doch hoffen, daß ihr alle euren *Faust* kennt!«

»Natürlich. Das arme Gretchen kann einem nur leid tun.«

»Ich spreche vom Zweiten Teil.«

»Nie gelesen«, gab Fabian zu.

»Das wundert mich nicht, bei eurer erbärmlichen Schule. Der Mephisto wußte genau Bescheid. Er sprach damals schon vom Papiergespenst der Gulden. Zu meiner Zeit hat man so was auswendig gelernt.«

Und ob wir wollten oder nicht, wir mußten uns ein paar Verse aus Tantes Repertoire anhören:

»Zu wissen sei es jedem, der's begehrt: / Der Zettel hier ist tausend Kronen wert. / Damit die Wohltat allen gleich gedeihe, / so stempelten wir gleich die ganze Reihe: / Zehn, Dreißig, Fünfzig, Hundert sind parat. / Ihr denkt euch nicht, wie wohl's dem Volke tat. / Ein solch Papier, an Gold und Perlen Statt, / ist so bequem, man weiß doch, was man hat.«

Fanny stöhnte, aber mir gefiel Tante Fés bühnenreifer Vortrag.

»Genug für diesmal. Zeit für eine kleine Erfrischung. Oder ist es euch zu kalt? Ich möchte nicht, daß ihr euch erkältet, sonst schimpft eure Mutter wieder. Wir schalten die Maschine ab. Auf dem Balkon ist es auch schön. Dort werde ich mir eine Zigarre genehmigen.«

Diese Zeremonie kannte ich bereits. Im Innern der langen, leicht gekrümmten Virginia steckt ein getrockneter Grashalm, der als Fidibus dient. Er muß herausgezogen werden und dient zum Anzünden. Mit Massenware gibt sich meine Tante nicht ab. Alles ist Handarbeit, auch das Strohmundstück.

»Ihr könnt ja draußen bleiben und ein Eis essen«, sagte ich, »und wer will, kann weitermachen.«

»Streberin!« mußte ich mir von Fanny anhören. Wißbegierde ist nicht ihre stärkste Seite. Aber Fabian war bereits so weit angefixt, daß er von Tante Fés Geldgeschichten nicht genug kriegen konnte.

»Na schön«, sagte sie, »wenn ihr unbedingt wollt. Denn auch die Geldscheine waren noch lange nicht das letzte.

Mit der Zeit kamen immer neue Zettel dazu. Die Wechsel, die Akkreditive und die Schecks. Manche nannten sich sogar Genußscheine, das muß man sich auf der Zunge zergehen lassen! Auch wurden immer mehr Aktien gedruckt. Die waren früher kunstvoll illustriert und sahen prächtig aus. Man konnte sie in den Tresor legen oder an die Wand hängen. Am Anfang hatten sie sogar kleine Anhängsel,

die Kupons, die man mit einer kleinen Schere abschneiden konnte. Für die bekam der Aktionär, wenn alles gutging, jedes Jahr Geld auf die Hand, ohne einen Finger zu rühren. Das waren die ›Ausschüttungen‹ oder ›Dividenden‹. Carl von Fürstenberg, ein berühmter Bankier aus der guten alten Zeit, nahm kein Blatt vor den Mund. Er sagte: ›Aktionäre sind dumm und frech. Dumm, weil sie Aktien kaufen, und frech, weil sie dann noch Dividende haben wollen.‹ Er kannte sich aus und wußte, was passiert, wenn es mit der Firma schiefläuft, die das Zeug unter die Leute gebracht hat. Dann löst sich der Zettel ganz in Luft auf und wird zu Altpapier.

Wer seinem Freund Geld leiht, mahnt seinen Feind.

24. Oktober 1929: Black Thursday, Wall Street, N.Y.

Ein Gutes hatten diese Wertpapiere allerdings noch. Man konnte sie wenigstens anfassen. Heute sind sie unsichtbar geworden. Eine bloße Nummer in einem Depot, wo der Inhaber keinen Zutritt hat. Aber ihr müßt ja nicht gleich eine Aktiengesellschaft gründen. Wie wäre es mit einer GmbH, oder mit einer GmbH & Co. KGaA? Da müßtet ihr nämlich nicht mit euerm ganzen Vermögen haften.«

»Ich will nach Hause. Mir ist es zu heiß hier.« Das war alles, was Fanny dazu einfiel.

»Wir können ja die Klimaanlage wieder anmachen. Ich komme nicht zurecht mit ihr, weil sie so viele Knöpfe hat.

Bankpleite, Berlin 1931.

Aber Fabian kennt sich sicher mit diesem Ding aus. Was trinkst du da, Fanny?«

»Eine Sprite«, meldete sie. Auf dem Balkon hatte sie es nicht ausgehalten, weil sie wissen wollte, worüber wir redeten.

»Schlecht für die Zähne! Scheußliche Flüssigkeit. Aber das Geld kann auch diese Form annehmen. Dann nennt man es Liquidität.«

»Wieder eins von deinen Fremdwörtern!«

»Gewöhnt euch dran, meine Lieben! Denn ohne komische Vokabeln geht es in der Ökonomie nicht ab. Bist du liquide, dann bist du flüssig, und das bedeutet: du kannst zahlen. Wenn nicht, bist du bankrott. Sie pfänden dir die Möbel unter dem Hintern. Allerdings nur, wenn du keine Großbank bist. Dann bist du systemrelevant.«

Arbeitslose, Berlin 1932.

Sumpf der Politiker und Banker:
Hypo Alpe Adria, Klagenfurt und Bayern LB, München.

Der inzwischen verurteilte
Ex-BayernLB-Chef W. Schmidt
und J. Haider bei der Arbeit.

Hypo: Alte Balkan-Geschäfte in neuem Licht derstandard.at 3. März 2015

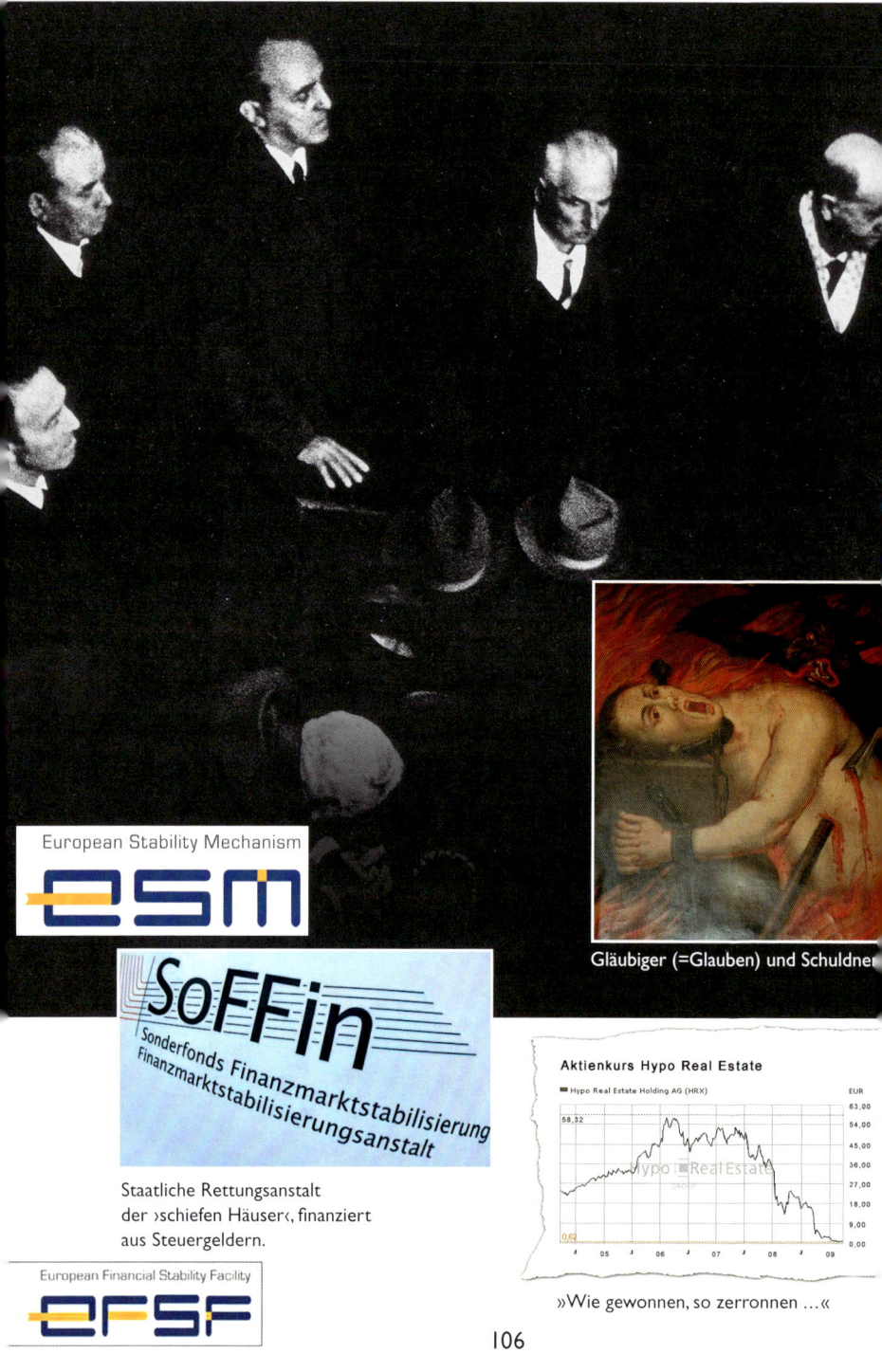

European Stability Mechanism

esm

SoFFin
Sonderfonds Finanzmarktstabilisierung
Finanzmarktstabilisierungsanstalt

Staatliche Rettungsanstalt
der ›schiefen Häuser‹, finanziert
aus Steuergeldern.

European Financial Stability Facility

eFSF

Gläubiger (=Glauben) und Schuldner

Aktienkurs Hypo Real Estate

Hypo Real Estate Holding AG (HRX)   EUR

»Wie gewonnen, so zerronnen …«

106

»Wieder einer von diesen Fachausdrücken«, warf Fabian der Tante vor. Schon mit den paar Zeilen aus dem *Faust* konnte er nichts anfangen, und überhaupt las er am liebsten Betriebsanleitungen und Auto-Zeitschriften.

»Stell dir vor, du möchtest ein möglichst großes Kartenhaus bauen. So ähnlich funktioniert das Finanzsystem. Dabei kommt es auf die untersten Karten an. Wenn du eine davon wegnimmst, kann die ganze Konstruktion zusammenbrechen. Davor haben alle Angst. Deshalb kann einer Bank, die eine solche Karte hat, gar nichts passieren. Sie muß um jeden Preis gerettet werden. Im Notfall bekommt sie eine Liquiditätsspritze von der Zentralbank oder vom Staat, und für die Kosten kommen dann die Steuerzahler auf.

Für das alles gibt es natürlich auch englische Namen. Wenn ihr eure Taschen ausleert, werdet ihr feststellen, wie es mit euerm *cash flow* aussieht. Es kann scheppern, strömen, tröpfeln oder versickern. Nur hat es damit noch kein Ende; denn das Geld kann sich auch vollends verflüchtigen. Dann verdampft es, wird zu einem Gas und bildet Blasen. Niemand kann es mehr in die Hand nehmen. So wie bei der Inflation. Wißt ihr, was das bedeutet? Inflation kommt von *flatus*. Das ist Lateinisch!«

> Der gute Samariter wäre längst vergessen, wenn er es nur gut gemeint hätte. Aber er hatte eben auch Geld.
> Margaret Thatcher, englische Premierministerin

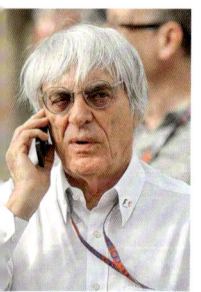

»Aufhören!« schrie Fanny. »Jetzt sollen wir auch noch Lateinisch lernen!«

»Ach, Kinder, mit meinem Lateinisch ist es nicht mehr weit her. Aber was *flatus* bedeutet, weiß ich noch: soviel wie *Furz*. Steht bei einem berüchtigten römischen Klassiker. Damals hatten sie einen Kaiser namens Vespasian, der soll das Pissoir erfunden haben. Mit der Bedürfnisanstalt wollte er die Staatskasse füllen. Wahrscheinlich wäre er längst vergessen, wenn er sich nicht durch ein flottes Motto verewigt hätte. Ihr kennt es sicher. Es lautet: Geld stinkt nicht.«

»Hauptsache, man hat es«, warf Fabian in die Runde.

»Ich habe einmal einen Kassierer gefragt. Der war den ganzen Tag lang damit beschäftigt, Geld zu zählen. Nach der Arbeit waren seine Hände so dreckig, daß er sich gründlich abseifen mußte. Er hatte es nur mit den Aus- und Einzahlungen in der Filiale zu tun. In der Zentrale braucht niemand mehr das große Geld anzufassen. Es ist ganz unsichtbar geworden, wie ein Geist oder ein Nachtgespenst. Kein Metall mehr, kein Papier, keine Flüssigkeit, kein Gas. Nur noch eine lange Reihe von Einsen und Nullen auf dem Bildschirm. Alles elektronisch, wie der Chip auf dieser Kreditkarte.«

Jetzt war meine Tante wieder völlig entfesselt. »In Amerika«, beschwerte sie sich, »bist du schon verdächtig, wenn du etwas bar bezahlen willst. Bargeld lacht, hat mein Onkel immer gesagt, aber das war vorgestern. Alle, die etwas zu sagen haben, die Banker und die Ökonomen, möchten das Bargeld lieber heute als morgen ganz abschaffen. Und dreimal dürft ihr raten, warum? Damit sie besser kontrollieren können, was wir tun und lassen.«

G. Gribkowsky, ehem. Risikovorstand der BayernLB, 2013 verurteilt zu 8½ Jahren wegen Bestechung (44 Mio Euro) durch B. Ecclestone, ist wegen guter Führung bereits wieder auf freiem Fuß.

Wir lümmelten in den Sesseln und hatten genug von ihren Erklärungen.

»Ah, ihr fangt an zu gähnen«, warf Tante Fé uns vor und drohte mit dem Stock. »Wenn euch langweilig ist, dann machen wir etwas anderes. Wozu habt ihr Lust? Wart ihr schon einmal in einem Gefängnis? Oder möchtet ihr lieber eine Gerichtsverhandlung miterleben? Ich könnte einen alten Bekannten anrufen, der ist Staatsanwalt.«

»Lieber nicht.«

»Hat keiner von euch eine Idee?«

Es war Fabian, der den Finger hob. »Ich war vor ein paar Monaten auf einer Versteigerung. So etwas solltet ihr euch mal anschauen. Das ist lustiger als jede Verhandlung auf dem Amtsgericht, wo sich zwei Nachbarn um einen Zaun oder einen Zwetschgenbaum streiten.«

Davon hatte er uns nie erzählt. Tante Fé wollte hören, was er erlebt hatte.

»Ihr könnt euch nicht vorstellen, was die Leute alles liegenlassen. Sie vergessen nicht nur ihre Schirme und ihre Mützen, sondern auch Uhren, Klamotten und ganze Koffer mit allem, was drin ist. Ein paarmal im Jahr versteigert der Flughafen eine riesige Menge von solchen Fundsachen. Unglaublich billig! Hier, für mein neues Telephon habe ich bloß vierzig Euro bezahlt. Im Laden kostet es das Zehnfache.«

»Wo gibt's denn so was?«

»Die stellen irgendwo auf dem Land bei einem Volksfest ein Zelt auf. Der Auktionator sieht wie ein Viehhändler aus und fängt mit fünf Euro an. Wer bietet mehr? Der eine hat einen Wanderstock und ein Fernglas für zwanzig Euro ersteigert, der nächste bietet für eine Kettensäge das Doppelte. Einmal war sogar ein Brautkleid im Angebot. Aber sie nehmen keine Schecks und keine Kreditkarten. Alles geht bar über den Tisch.«

Tante Fé lobte seinen Eifer, aber sie konnte es nicht lassen, noch einen Trumpf draufzusetzen:

»Wenn ihr wollt, besuchen wir nächstes Mal eine Kunstauktion. Ein ganz berühmtes Haus, hier in der Stadt. Die haben mir ihren Altmeister-Katalog geschickt. Wo ist er nur geblieben? Ich glaube, die Versteigerung findet am kommenden Mittwoch statt. Für heute ist es genug. Ich bin ganz erschöpft von euerm Geplapper.«

Dabei war sie es, die am meisten geredet hat. Trotzdem sind Fabian und ich von den Seancen bei der Tante begeistert. Wir haben sozusagen Blut geleckt. Nicht bloß hören wir genauer hin, wenn die Eltern beim Abendessen über ihre Geldsorgen reden; wir bleiben vor dem Fernseher sitzen, wenn uns zu später Stunde jemand ein Rettungspaket anpreist oder vor der nächsten Euro-Krise warnt.

Neuerdings reiße ich beim Frühstück den Wirtschaftsteil der Zeitung an mich. Ich finde, daß die meisten Krimis

Handelsblatt

DEUTSCHLANDS WIRTSCHAFTS- UND FINANZZEITUNG

DONNERSTAG, 28. JUNI 2012

Nein! No! Non!

TOP-NEWS DES TAGES

Allianz von BMW und GM ist geplant

BLEEDING HARTZ CULTURE
How Germany's welfare reforms became an invitation to rob the state ANALYSIS ■PAGE 13

FINANCIAL TIMES

ome cannabi

Frankfurter Allgemeine
ZEITUNG FÜR DEUTSCHLAND

Freitag, 5. Mai 2006, Nr. 57 / 10 D   Herausgegeben von Werner D'Inka, Berthold Kohler, Günther Nonnenmacher, Frank Schirmacher, Holger Stelzner   1,50 Euro   D 2

Hausdurchsuchungen in sieben Bundesländern
wie. Madrid, 7. März. Nulla atisi eugiam, quis nonse dolor sis eugzit la commolor corsio odolo...

Polen will mit der Reform

Schmerzfre
pes. Gait nulla atisf d dolor sis eugait la com lobo rtinis alit lore mi eu feugiam ero diam u alisismod tie enit iril...

TODAY IN MANSION

A New Wave of Water Design

ARENA Inside the Oscar Playbooks

THE WALL STREET JOURNAL.

DOW JONES   • • • • • •   FRIDAY, FEBRUA   43   WSJ.com   ★ ★ ★ ★ $2.00
DJIA 13880.62 ▼ 46.92 0.7%   NASDAQ 3131.49 ▼ 1.0%   NIKKEI 11309.13 ▼ 1.4%   STOXX 600 284.8   GOLD $1,578.20 ▲ $0.60   EURO $1.3190   YEN 93.11

Wirtschafts Woche

28

Skandinavische Schönheit
Die Sieger des Red Dot Design Awards | **Neue Erbschaftsteuer**
So retten Sie Ihr Vermögen

Deutschland €5,00

BlackRock, Inc. N.Y.
Weltgrößter
Vermögensverwalter.

D. Strauss Kahn (bis 2011)
und Christine Lagarde:
Verantwortlich für
große Geldströme.
s.a. www.IWF.de

112

eintöniger sind als das, was einem dort Tag für Tag aufgetischt wird. Ein Mörder aus Eifersucht ist ja der reinste Unschuldsengel im Vergleich zum nächstbesten Wirtschaftskriminellen. Als Leser reibt man sich jedesmal die Hände, wenn wieder ein Hedgefonds-Manager hinter Gittern landet, obwohl man ahnt, daß er bald wegen guter Führung entlassen wird, und daß sein Nachfolger schon dabei ist, die schrägen Geschäfte fortzuführen. In einer einzigen Nummer der *FAZ*, dem Hausblatt des deutschen Kapitals, fand ich gestern vier einschlägige Meldungen. Im Aufmacher heißt es: »Die Banken in Europa und Amerika zahlen für diverse Betrügereien 100 Milliarden Dollar. Es sind Verstöße gegen Wirtschaftssanktionen und Geldwäsche, wegen Zinsmanipulationen, wegen Beihilfe zur Steuerhinterziehung, der Verschleierung von Risiken, wegen fragwürdiger Hypothekengeschäfte und diverser anderer Betrügereien.«

Dabei fehlt es der Redaktion nicht an Verständnis für die hartgeprüfte Branche. Gewiß muß das eine oder andere Bauernopfer gebracht werden; schließlich gibt es schwarze Schafe auch in der schönsten Herde. Bedauerlicherweise kommt es vor, daß sich der eine oder andere Herr aus dem Fenster stürzt, erschießt oder unter einer Londoner Brücke erhängt aufgefunden wird.

Aber das sei noch lange kein Grund, eine Großbank endgültig vor die Hunde gehen zu lassen. Denn wo kämen wir da hin?

Manchmal platzt mir der Kragen. Dann rege ich mich über die Klassenjustiz auf. Das ist eines dieser Worte aus dem neunzehnten Jahrhundert, das ich bei den Linken aufgeschnappt habe. Die kleine Fanny hält sich die Ohren zu, wenn ich mit so etwas anfange. Mit Fabian kann ich wenigstens noch darüber reden. Nur der ökonomische Jargon geht ihm auf die Nerven. Er meint, die sogenannten Analysten und die Anlageberater seien Kaffeesatz-Leser, die sich nur aufspielten, um ihre dicken Gehälter und Provisionen zu kassieren. Wenn die einen unfehlbaren Tip hätten, wären sie reicher als alle ihre Auftraggeber und Kunden.

Meine Mutter versteht nicht, warum wir uns mit solchen Dingen befassen. »Für unsereinen reicht es doch, wenn wir einigermaßen über die Runden kommen. Das ist reine Zeitverschwendung!« Meiner Tante traut sie ohnehin nicht über den Weg. »So lieb, wie ihr denkt«, sagt sie, »ist die Fé nicht. Im Grunde macht sie sich über Franz und mich nur lustig. Ich frage mich, was für Spiele sie eigentlich mit euch treibt. Was die alles erzählt, wenn der Tag lang ist! Hoffentlich glaubst du ihr nicht alles.«

»Meinst du, sie lügt?« – »Nicht direkt. Aber du wirst hoffentlich nicht auf ihre Allüren reinfallen. Du weißt ja einiges über ihre Abenteuer.«

A uch diesmal hat uns Herr Forster pünktlich um halb elf Uhr mit seiner Limousine abgeholt. Wieso steht er immer auf Abruf bereit, wenn Tante Fé ihn braucht? Er ist doch auch für die anderen Hotelgäste da. Wie hat sie ihn dazu gebracht, daß er ihr als Privatchauffeur dient? Das verstehe ich nicht.

Fanny ist diesmal nicht mitgekommen. »Schluß mit deinen Extratouren! Du gehst in die Schule«, beschied die

114

Mama sie. Sie hatte recht; denn bei der Kunstauktion hätte man Fanny gar nicht hereingelassen. Alle Interessenten müssen nämlich volljährig sein und sich in eine Art Gästebuch eintragen. Erst dann bekommen sie ein Pappschildchen mit einer Bieternummer. Fabian konnte sich reinmogeln, weil er so groß ist, und weil er seinen Schülerausweis mit dem Tintenstift ein bißchen verbessert hat.

Überhaupt ging es in dem Saal ganz anders zu als bei der Fundsachen-Versteigerung, von der er uns erzählt hatte. Der Auktionator war ein englisch aussehender Herr in Schwarz mit einer weißen Gardenie im Knopfloch. Er trat auf wie ein

Kunstauktion London, 18. Jahrhundert.

Stardirigent. Die meisten Anwesenden schienen sich zu kennen. Man nickte einander zu und tauschte halblaut kleine Tips aus. Manche Damen trugen bedeutende Hüte. Fabian in T-Shirt und Blue Jeans fühlte sich deplaziert, aber Tante Fé erklärte ihm, daß in der Reihe vor ihm ein Milliardär saß, der wie ein Landstreicher aussah. »Der neben ihm ist ein Museumsdirektor aus Kalifornien, und weiter hinten stecken ein paar Kunsthändler aus London die Köpfe zusammen.«

Es wurde still, als der Auktionator sich hinter sein Pult stellte und eine kurze, witzige Ansprache zur Begrüßung hielt. Eine Assistentin bewachte das Telephon. Zwei Handlanger trugen mit weißen Handschuhen das erste Bild herein. Los Nummer eins! Man fängt nie mit dem teuersten Bild an. Den Namen des Malers hatte ich nie gehört, aber der Herr am Pult lobte ihn und äußerte sich lässig über das Werk, seine Herkunft, seinen Erhaltungszustand. Der Schätzpreis stand im Katalog, den alle schon lange vorher studiert hatten. Manche Bieter waren gar nicht anwesend; sie hatten ihre Gebote schriftlich abgegeben, oder sie ließen sich durch einen Mittelsmann im Saal vertreten. Auch gab es geheimnisvolle Interessenten, die am Telephon mithielten. Nach einer Weile rollten zwei Diener das »Spitzenlos« auf einem Podest herein. Das war ein überlebensgroßer Schäferhund aus rosarotem Plexiglas. Er hatte vergoldete Ohren, und in seinem offenen Maul trug er eine kleine Gipsmadonna.

Das Ganze kam mir vor wie eine Theatervorstellung, bei der der Regisseur auf der Bühne stand, während die Schauspieler im Saal saßen. Nur wir, die Unwichtigen, waren bloße Zuschauer. Auf einem großen Monitor konnte man verfolgen, wie die Gebote in Tausenderschritten stiegen. Die Preise wurden in Euro, Pfund und Dollar angezeigt.

Ich bewunderte den Auktionator, der hinter seinem Pult tänzelte und die Stimmung mit telephonischen Geboten anheizte. Obwohl er ein flottes Tempo vorlegte, entging ihm nicht die geringste Bewegung. Manche machten sich nicht einmal die Mühe, ihre Pappnummer hochzuheben. Ein Fingerzeig oder eine erhobene Augenbraue, das genügte schon, damit ein paar Tausender flossen.

Am besten waren die Bietgefechte. Fabian und ich sahen atemlos zu, wie zwei Kampfhähne einander hochschaukelten. Wußten sie etwas, das anderen entgangen war? »Fair warning!« rief der Auktionator. Das hieß: Letzte Chance, mitzuhalten. Bei einem Stand von achteinhalb Millionen endete die hektische Partie. Der eine Fechter gab sich geschlagen, und der Hammer fiel. Aber kurz darauf häuften sich die Niederlagen. Lähmende Stille im Saal. Das bedeutete: eine Serie von Rückgängen. »Nicht verkauft«, murmelte der Herr am Pult und beeilte sich, zum nächsten Los überzugehen.

Und Tante Fé? Ihr Blick wanderte durch den Saal, als wäre sie in einem Museum. Sie dachte gar nicht daran, etwas zu kaufen.

»War das nicht ein amüsanter Vormittag?« fragte sie uns beim Mittagessen im Wintergarten des Hotels. »Warum hast du nicht mitgeboten?« fragte ich zurück. »Ein paar von den Sachen waren wirklich verlockend.«

»Früher habe ich auch alles mögliche gesammelt. Aber das ist vorbei. Noch mehr Krempel kann ich nicht brauchen.«

Auch selbst den weisesten unter den Menschen sind die Leute, die Geld bringen, mehr willkommen als die, die welches holen. Lichtenberg

117

»Mir hat es gefallen. Die Besucher kamen mir zwar recht blasiert vor. Aber die Klarheit, mit der bei diesem Geschäft verfahren wird, imponiert mir. Jeder Gegenstand wird ›wie besehen‹ angeboten. Das heißt, der Käufer muß selber die Augen offenhalten. Niemand wird übervorteilt oder betrogen.«

»Findest du das auch, Fabian?« Tante Fé setzte ihr boshaftestes Lächeln auf. »Und was ist mit den Löchern?«

»Wie meinst du das?«

»Ach, ihr Lieben, der Kunsthandel ist wie ein Schweizer Käse. Überall hohle Stellen. Wißt ihr, wie man das nennt? Diskretion!«

Fabian wollte es etwas genauer wissen.

»Ich will gar nicht von den happigen Aufgeldern reden, die am Ende auf der Rechnung stehen, von den Garantien und den Strohmännern. Auch mit den merkwürdigen Zuschreibungen, den Gefälligkeitsgutachten, den wundersamen Restaurierungen und Retouchen will ich euch nicht langweilen. Viel spannender als solche kleinen Tricks ist etwas anderes. Das sind die Kartelle.«

»Hier hört uns niemand zu. Du brauchst nicht in Rätseln zu sprechen, Tante Fé.«

»Ich hoffe, du stellst dich nicht dümmer, als du bist, Fabian. Kartelle sind etwas ganz Gewöhnliches, nicht nur in den hehren Hallen der Kunst. Ganz egal, ob es um Kaffeebohnen, um Eisenbahnschienen oder Zement geht. Überall, wo es Konkurrenz gibt, und wo gäbe es die nicht, setzen sich stets ein paar Herren in einem Hinterzimmer zusammen. Meistens sind es natürlich Männer. Ein angemessenes

Ohne Geld ist die Ehre nur eine Krankheit.
Racine

118

Spesenhotel wird sich schon finden, und die Kosten kann Im Hinterzimmer: Geldarbeit. man von der Steuer absetzen. Dort sprechen sie die Preise miteinander ab und verteilen die Märkte so, daß keiner dem andern ins Gehege kommt. Dasselbe Spiel gibt es bei großen Bauvorhaben, wo viel Geld zu holen ist. Flughäfen und Konzerthallen zum Beispiel. Die müssen öffentlich ausgeschrieben werden. Natürlich ist es verboten, den Wettbewerb auszuhebeln. Es gibt Kartellbehörden, die das verhindern sollen. Aber die haben es schwer.«

»Die greifen nie richtig durch«, behauptete Fabian.

»Wie denn? Auch die Mafia hat gute Anwälte. Übrigens geht es meistens zivil zu. Man meidet ›nasse Sachen‹ und geht lieber unblutig vor. Manchmal fliegt ein Kartell auf, weil einer der Beteiligten auspackt. Der kommt dann als Kronzeuge ungeschoren davon, und die andern zahlen eine Geldstrafe aus der Portokasse. Das ist immer noch besser als der Knast.«

»Deprimierend.«

»Schon! Aber wenigstens habt ihr bei unserem kleinen Unternehmen nicht nur ein wenig Kunstgeschichte mitbekommen, sondern auch etwas über die sogenannte Volkswirtschaft, von der das Volk ja kaum einen Schimmer hat.

Jetzt vielleicht noch ein Halbgefrorenes als Dessert, vielleicht Kokos oder Holunderblüten – was meint ihr? Und dann brauche ich meine Siesta.«

Wir bedankten uns, aber beim Abschied fiel ihr noch etwas ein.

»Ich weiß nicht, wo mir der Kopf steht. In meinem Alter wird man vergeßlich. Wir haben uns nie über den Unterschied zwischen Geld und Kapital unterhalten. Das müssen wir unbedingt nachholen, wenn ihr wiederkommt. Und jetzt muß ich ins Bett.«

Auch diesmal hat Mutter uns wieder ins Gebet genommen: »Worüber habt ihr heute diskutiert?« Aber als ich ihr zu erklären versuchte, wie es bei einer Auktion zugeht und wie ein Kartell funktioniert, wollte sie nichts davon hören. »Weißt du, warum sie immer wieder hierher kommt? Irgendeinen Grund dafür muß sie doch haben. Vielleicht macht sie Geschäfte in der Stadt, oder sie trifft wichtige Leute. Ich glaube kaum, daß sie nur die Familie besuchen will.«

»Vielleicht mag sie uns einfach.«

»Nur um euch den Kopf zu verdrehen mit ihrem Luxushotel und ihren zweifelhaften Ausflügen? Das sieht der Fé wirklich nicht ähnlich.«

In diesem Punkt mußte ich meiner Mutter recht geben. Stundenlange Reisen mit der Eisenbahn, aus reiner Gutmütigkeit, das traute auch ich der Tante nicht zu. Ich nahm mir vor, demnächst der Sache ein wenig auf den Grund zu gehen.

Bei der nächsten Runde durfte Fanny wieder mitkommen; denn es war ein Mittwoch, an dem sie schulfrei hatte. Von der Gesangstunde hatte sie sich befreien lassen, weil sie angeblich weder singen will noch kann, obwohl sie musikalisch ist und sich ansonsten gern vor einem Publikum produziert. Das ist einem feschen Aushilfslehrer aufgefallen, der ihr Flötenstunden geben will. Das macht er leider nicht umsonst. »Warum fragst du nicht Tante Fé, ob sie dafür aufkommt«, schlug der Vater vor. Das war ein Grund mehr, sie wieder mitzunehmen.

Alles war wie immer, nur daß die Tante mit einem Turban auf dem Kopf dasaß. Ihr zu Füßen kniete ein Mädchen in einem weißen Mantel. »Das ist meine Pedicure. Wir sind gleich fertig«, sagte sie. »Macht es euch nur bequem.«

Sie hatte offenbar vergessen, was sie uns beibringen wollte. Manchmal reitet meine Tante auf einem Thema förmlich herum, und manchmal würfelt sie alles durcheinander. Die Systematik ist nicht ihre Stärke. Ich hielt es für das beste, ihr nachzuhelfen.

»Du wolltest uns etwas über den Unterschied zwischen Geld und Kapital erzählen.«

»So? Wenn es sonst nichts ist! Ganz einfach. Zeigt mal her, was ihr in der Tasche habt.«

Viel war das nicht.

»Mein Geld ist immer sofort weg.«

»Weil du nicht aufpaßt, Fanny.«

»Am besten ist es, man wird es gleich wieder los.«

»Vielleicht hast du recht. Dann brauchst du nicht darüber nachzudenken, wo du es hinsteckst. Kapital ist nämlich das, was man übrig hat.«

»Das kann man in die Matratze stecken, so wie es die Bozena macht, oder in ein Sparschwein, wenn man eines hat.«

»So blöd wirst du ganz bestimmt nicht sein. Du kapierst doch, daß das Geld arbeiten muß.«

»Arbeiten?«

»Natürlich. Das bedeutet, daß man es nicht einfach herumliegen läßt. Man investiert es. Dann heißt es nicht mehr Geld, sondern Kapital. So rottet sich zusammen, was zusammengehört. Für den Anfang muß man nur genug Geld zusammenkratzen. Wenn man Glück hat und sich gut auskennt, dann heckt das Kapital neues Kapital. Ihr wißt doch, wohin der Teufel am liebsten scheißt? Auf den größten Haufen. Das nennt man Akkumulation.«

»Weil man auf sein Kapital Zinsen kriegt, und für die Zinsen Zinseszinsen.« Das war wieder unser Fabian, der diese Weisheit der Dame in der Sparkassen-Filiale verdankte.

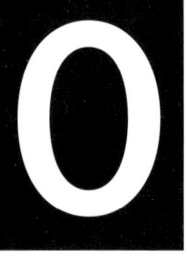

»Das stimmt schon. Aber auf den Zinssatz kommt es an. Den meisten Kindern wird schon in der Grundschule die Prozentrechnung eingebleut, doch wenn sie die Penne hinter sich gebracht haben, wollen sie nie mehr was davon hören. Das ist bedauerlich.«

»Auf das Gefummel mit den Prozenten kann ich gern verzichten.«

»Meinetwegen, Fanny. Aber die andern wissen sicher, wie lange es dauert, bis sich eine Zahl verdoppelt, wenn sie mit 7 % im Jahr zunimmt?«

»Was für Zahlen meinst du?«

»Irgendeine. Ganz egal, ob es um das Wirtschaftswachstum geht, um Kapital, Preise, Mieten, Bevölkerungszahlen.

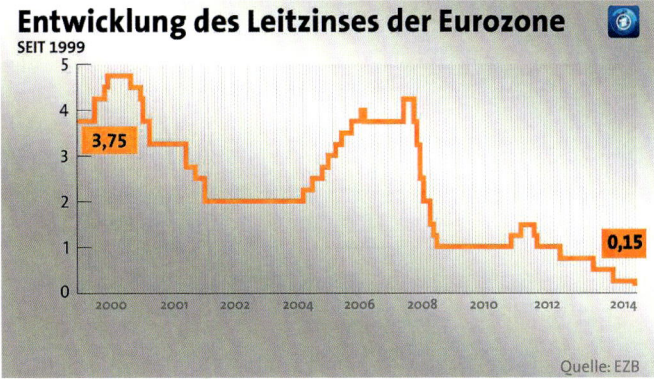

Entwicklung des Leitzinses der Eurozone
SEIT 1999

3,75

0,15

Quelle: EZB

Nach zehn Jahren verdoppelt sich bei 7 % alles und jedes. Das ist eine ganz simple Rechnung.«

»Und so geht es dann weiter bis ins Aschgraue?«

»Schön wär's. Nur ist das leider oder Gott sei Dank unmöglich. Irgendwann kippt das Wachstum um, es geht wieder abwärts, und dann ist der Traum aus. Wenn die Zahlen schrumpfen. Dann wird alles genauso schnell weniger, wie es angestiegen ist. Bei 7 % Inflation ist das Geld nach zehn Jahren nur noch die Hälfte wert. Und wenn der Zinssatz sinkt, so wie heute, kannst du die Rendite deines Sparbuchs vergessen.«

Tante Fé lachte höhnisch. »Früher konnte man sich als kleiner Sparer noch zurücklehnen und einfach warten. Aber heutzutage wirst du ausgelacht, wenn du deine Groschen so arglos zusammenhältst. Von wegen Altersversorgung! Bis du alt wirst, haben sie dich ganz allmählich ausgeplündert. Deswegen raten dir alle zu Sachwerten, mein Lieber. Grundstücke, Aktien, Beteiligungen, Risikokapital – das ist in solchen Zeiten die Parole. Das heißt natürlich, daß du zum Spekulanten wirst, ob du willst oder nicht.«

Geld allein macht
nicht unglücklich.

Gesundheit
ohne Geld ist ein
halbes Fieber.

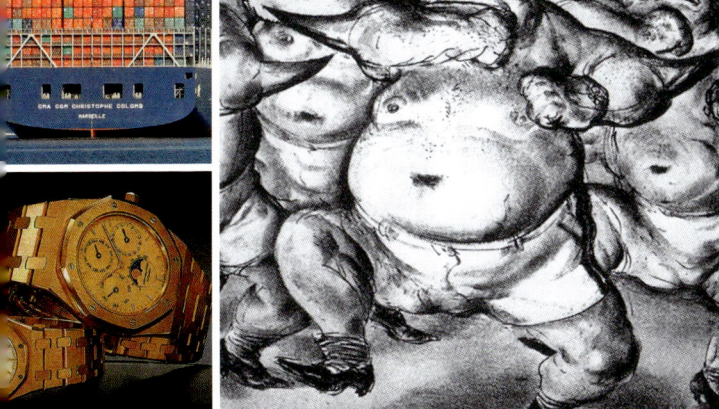

Ellenstoßbrigade.
AP Weber

Vielleicht hätten wir Fanny doch nicht mitnehmen sollen, denn statt wie ihr Bruder gespannt zuzuhören, kaute sie mißmutig auf ihrem Zimt-Kaugummi herum und sagte nur: »Macht doch, was ihr wollt mit euerm Kapital, und laßt mich damit in Frieden.«

»Schon gut, Fanny. Wenn du nicht reich werden willst, brauchst du dich mit solchen langweiligen Sachen nicht herumzuschlagen. Das hat auch sein Gutes. Du brauchst dich nicht zu ärgern, wenn du auf die Nase fällst, weil die Kurse fallen, weil es Leerstände in deinem Shopping-Center gibt, weil dir deine Aktiengesellschaft die Dividenden streicht. Oder dein Vermögensverwalter haut einfach mit deinem wertvollen Portefeuille in die Karibik ab.

Aber wer es nicht so hält wie du, Fanny, der muß sich eben mit diesem Kram beschäftigen, und damit meine ich vor allem dich, Fabian. Das lernt man nicht im Gymnasium. Wenn ihr wollt, sage ich euch, was es mit dem ewigen Rauf und Runter auf sich hat. Mit Boom und Crash. Niemand weiß genau, woher das kommt. Nicht als hätten sie sich keine Mühe gegeben, die berühmten Theoretiker. Herren wie Adam Smith, wie Max Weber, Schumpeter, Keynes oder Hayek und ein paar Dutzend andere. Eine ihrer herrlichsten Erfindungen war die Konjunktur. Damit meinen sie eine zyklische Bewegung, so was Ähnliches wie Ebbe und Flut. Sie wollten einfach nicht wahrhaben, daß in der Ökonomie solche namenlosen Götter wie der Zufall und die Willkür herrschen. Viel mehr ist bei ihren Untersuchungen nicht herausgekommen. Klar ist nur, daß die Krise keine Ausnahme ist, sondern die Regel. Sie gehört zum Betriebssystem des Kapitalismus. Also Aufschwung, Überhitzung, Stagnation, Rezession, Zusammenbruch. Und auch die Rezepte sind nicht neu, um die Wirtschaft wieder anzukurbeln.«

Auf dieses Stichwort hin verlor Fabian, der etwas von Autos versteht, die Geduld. »Warum reden die Kapitalisten immer so, als wäre die Wirtschaft ein Oldtimer von 1920? Damals hat man einfach die Kurbel zur Hand genommen, wenn der Motor abgesoffen ist. Dann hat man sie durch den Kühler an das Schwungrad gesteckt und ein paarmal kräftig dran gedreht. Gas geben, durchstarten, auf die Tube drükken, und fertig ist das Wirtschaftswunder!«

»Recht hast du, Fabian! Die Ökonomie ist kein altes Auto. Wahrscheinlich gleicht sie eher einem Spielcasino. Jeder, der mit am Tisch sitzt, bildet sich ein, daß ausgerechnet er früher oder später ganz groß rauskommen wird. Manche studieren eifrig die Bilanzen, andere heuern Mathematiker an, weil sie denken, daß die exakte Prognosen liefern können.

Oder sie haben einen Freund, der ihnen einen todsicheren Insider-Tip ins Ohr flüstert. Ihr werdet es nicht für möglich halten, aber zwei von den paar Milliardären, die ich getroffen habe, halten sich einen Wahrsager oder einen Astrologen.«

»Wie ich dich kenne, Tante Fé, hast du dabei fröhlich mitgemischt.«

»Früher schon.«

»Warst du abergläubisch?«

»Das ist doch nichts Besonderes. Nimmst du nie einen Schirm mit, weil du denkst, gerade dann wird es nicht regnen? Deine Mutter klopft immer auf Holz, wenn Franz behauptet, ihm könne gar nichts Schlimmes mehr passieren. Außerdem glaubt er, die Sieben sei seine Glückszahl. Und was ist mit dir? Du bist für so etwas wohl zu aufgeklärt, meine Liebe?«

»In New York habe ich einmal eine Cousine besucht. Die hieß Phillis und saß jeden Abend vor ihrem Rechner, um zu kontrollieren, wie es mit ihrem Portefeuille aussah. Sie war aufgekratzt, wenn es nach oben, und mürrisch, wenn es bergab ging. Ich möchte auf keinen Fall, daß meine Laune von diesem Zirkus abhängt. Auch dann nicht, wenn ich eines Tages Geld habe.«

»Keine Private Equity? Und wie wäre es mit Wandelanleihen oder Zero-Bonds?«

»Hör auf, Tante Fé!«

»Wenn du wüßtest, wie oft ich schon auf die Nase gefallen bin …«

»Wie denn?«

»Mit gehebelten Optionskontrakten! Das sind sozusagen Wetten auf Wetten.«

»Das geschieht dir ganz recht, Tante Fé!« Fanny, die schon lange von dieser Unterhaltung genug hatte, war der Kragen geplatzt. Ich zerrte sie von der Couch, auf der sie herumlümmelte, entschuldigte mich bei Tante Fé und schlug vor, die Quenglerin nach Hause zu bringen, obwohl ich, genau wie Fabian, gern mehr über die Börse erfahren wollte.

Als wieder Ruhe eingekehrt war, erklärte uns die Tante triumphierend: »Nur mit dem Piloten- und dem Pyramidenspiel haben sie mich nie drangekriegt. Das sind Systeme, die so wie ein Kettenbrief funktionieren, und dabei sind immer die Letzten die Dummen. Und den Derivaten habe ich auch nie über den Weg getraut. Das sind die Massenvernichtungs-

710.000.0

waffen der Finanzbranche. Wer sich darauf einläßt, kauft ein Paket, von dem er nicht weiß, was drin ist. In der Schachtel findet man am Ende immer mehr andere Schachteln, und bei der allerletzten Schachtel stellt sich meistens heraus, daß nichts drin ist.«

An diesem Punkt waren wir alle erschöpft und gingen nach Hause.

Mein Vater ist ein ausgewachsener Skeptiker. Er hält noch weniger vom Kapitalmarkt als Tante Fé. Aber das war vielleicht nicht immer so. Ich glaube, auch er hat früher von seinem bißchen Geld manches auf den Kopf gehauen, als er jung war. Einmal hat er mir gestanden, daß ihn ein Studienfreund dazu überredet hatte, »in den Dollar zu gehen«. Das muß Anfang der 1980er Jahre gewesen sein. Viel war es nicht, was er riskierte, doch seitdem will er nichts mehr von solchen Wetten

0.000.000

Billionen Derivate waren Ende 2014 unterwegs. Der größte Teil der Wetten ist ungedeckt.

hören. Beklagt hat er sich niemals. Wenn er etwas verliert, reagiert er mit Sarkasmus. Als ich ihm von Tante Fés Lehren berichtete, erinnerte er sich an einen Schlager aus der Zeit des Wirtschaftswunders. Das Lied hieß schlicht und einfach *Konjunktur*. Die Melodie summte er mir vor, den Text hatte er vergessen.

Das hat mich nicht ruhen lassen. Im Internet habe ich auf YouTube dieses uralte Lied gefunden. Es muß damals, in den Sechzigern, ein großer Hit gewesen sein. Mein Vater ist nicht der einzige, der es kennt. Für seine Generation gehörte das Hazy Osterwald Sextett zu den Ohrwürmern:

»Gehn Sie mit der Konjunktur, / gehn Sie mit auf diese Tour! ... / Nehmn Sie sich / Ihr Teil, sonst schämn Sie sich ... / Sehn Sie doch, / die andern stehn schon dort / und nehmn die Creme schon fort ... / Schöpfen Sie / Ihr Teil und schröpfen Sie, / die andern köpfen Sie / sonst später ohnehin.«

Das fand ich so komisch, daß ich es Fanny beim Frühstück vorgesungen habe.

Schon seit Tagen machte sie ein Theater wegen ihres siebenten Geburtstags. Um dieses Ereignis zu feiern, auf das sie den größten Wert legte, war ihr die bescheidene Bleibe der Familie Federmann nicht gut genug. Sie war auf die *Vier Jahreszeiten* erpicht. »Wie stellst du dir das vor? Willst du die ganze Meute deiner Freundinnen einladen?« fragte Mama. »Damit wird deine Tante kaum einverstanden sein.« Sie hatte absolut recht; denn die ließ Fanny beizeiten wissen: »Du bist willkommen, wie immer, und *eine* Lieblingsfreundin darfst du meinetwegen mitbringen.«

»Dann feiern wir eben zweimal«, schlug sie zu Hause vor, und von dieser Idee ließ sie sich nicht abbringen, auch wenn die Mutter auf das knappe Haushaltsgeld hinwies, das keine der Extravaganzen zuließ, von denen Fanny träumte. Seufzend mußten wir alle Geschenke für sie kaufen, unsere Wohnung mit bunten Girlanden verunstalten und den größten Topf auf den Herd stellen, um die Meute ihrer Mitschüler zu füttern.

An das Gezwitscher und Gekreische von Fannys Freundinnen möchte ich mich lieber nicht erinnern.

Am Abend danach verfiel sie, umgeben von einem Meer von Geschenkpapier, in ein langes Grübeln. Es galt, eine strategische Entscheidung zu treffen, wer die Auserwählte sein sollte, die man Tante Fé präsentieren konnte. Dieses Los zog eine gewisse Linda, ein strohblondes, maulfaules Geschöpf, zu dessen Gunsten sprach, daß sie unsere Fanny auf keinen Fall überstrahlen würde.

Das Treffen in den *Vier Jahreszeiten* wurde für das Geburtstagskind zu einem Triumph. Wieder einmal hatte sie ihren Kopf durchgesetzt. Schon bei der Abholung durch Herrn Forster erfreute sie ein kleiner Blumenstrauß in der altmodischen Vase am Armaturenbrett des Wagens. Der Zimmerservice des Hotels übertraf sich selbst. Kein Vergleich mit den heißen Würstchen und dem Kartoffelsalat zu Hause! Nach der Gratulation wurde auf Fannys Wohl angestoßen, und die Tante überreichte ihr ein schwarzes Futteral mit den Initialen *FF*. Auf dem samtgefütterten Grund schimmerte eine silberne Querflöte. Das fand ich reichlich übertrieben angesichts der Töne, die meine Schwester auf der Blockflöte hervorbrachte.

Dann stimmte die kleine Linda *Happy Birthday* an. So glockenrein war ihr Solo, daß alle verstummten und erst klatschten, als das Lied zu Ende war. Das ließ Fanny nicht ruhen. Obwohl sie angeblich nicht singen kann, fing sie an, den alten Schlager zu trällern, den ich ihr beigebracht hatte: »Gehn Sie mit, gehn Sie mit, mit der Konjunktur, / gehn Sie mit, gehn Sie mit auf diese Tour! …«

Tante Fé, die diese Verse offenbar an alte Zeiten erinnerten, war freudig erstaunt über diese Nummer. »Ich habe nachgesehen und festgestellt, liebe Fanny, daß du ein Sonntagskind bist. Außerdem bist du ein Zwilling.«

»Wieso denn? Davon weiß ich nichts.«

»Das ist dein Sternzeichen. 11. Juni 2006, um genau halb drei Uhr nachmittags. Weißt du, was das bedeutet?«

»Sie ist ja ganz erschrocken, Tante Fé.« Um Fanny zu beruhigen, sagte ich ihr ins Ohr: »Das ist alles bloß Astrologie.«

»Dein Jupiter im zweiten Haus verspricht Erfolg, mein liebes Kind, und an Geld wird es dir auch nicht fehlen, schon weil du den Merkur im zehnten Haus hast.«

»Alles nur esoterischer Blödsinn«, wagte ich einzuwerfen.

»Ich habe ein Horoskop für sie machen lassen. Und der Mars im Löwen zeigt, daß sie eine Prinzessin ist.«

»Oder sein möchte.«

»Der Neptun im fünften kann heißen, daß sie sich künstlerisch betätigen wird.«

»Sie will sich nur aufspielen. Das kennen wir!«

Fanny strahlte über das, was die Tante verkündete.

»Du ahnst ja nicht«, sagten wir, »wie es in ihrem Kinderzimmer aussieht!«

»Chaotisch. Das kann ich mir denken. Und sicher kommt sie immer zu spät. In der Schule ist sie frech. Ich sehe an ihrem Mars, daß sie zur Ungeduld neigt. Aber Schwamm drüber.«

»Und das alles glaubst du wirklich, Tante Fé?«

»Aber nein! Es ist nur ein Spiel, ein Zeitvertreib, genau wie das Casino der Finanzmärkte. Auch da gibt es Glückspilze und Pechvögel, und weil keiner weiß, zu welcher Sorte er gehört, halten sie sich an ihre Wahrsager, egal ob es eine alte Zigeunerin ist oder einer, der mit mathematischen Formeln um sich wirft. Übrigens streiten sich auch die Astrologen wie die Kesselflicker. Mein Bekannter, der Fannys Horoskop gemacht hat, läßt kein gutes Haar an seinen Kollegen.

Aber jetzt fallen dir schon die Augen zu, Geburtstagskind, und deine kleine Freundin Linda hat wohl auch keine Lust mehr, uns etwas vorzusingen.«

Nichts ahnend von künftigen Wechselfällen, die nicht im Horoskop standen, verabschiedeten wir uns artig von der Tante. Fanny machte sogar einen Knicks, so froh war sie, ihre Beute, die große Flöte, nach Hause zu tragen.

Im Hochsommer hatte uns der Alltag wieder in seinem Hamsterrad. Denn die Tante Fé war so plötzlich aus unserem Leben verschwunden, wie sie aufgetaucht war. Kein Wort des Abschieds von der Familie, keine Zeile für uns drei, keine Erklärung … Alle vermißten sie, sogar Friederike, die doch allerhand an ihr auszusetzen hatte. Fanny war mürrisch, weil nach der Geburtstagsorgie niemand mehr von ihr Notiz nahm, und weil der fesche Flötenlehrer, beeindruckt von dem kostspieligen Instrument, drohte, mit seinen Nachhilfestunden Ernst zu machen.

Ich hätte es besser wissen müssen. Schließlich kannte ich meine Taufpatin gut genug, um auch ihre Launen und Marotten zu kennen.

Oft genug hatte ich mich gefragt, was sie eigentlich in unserer Stadt zu suchen hatte. Nie war sie mit dem Grund

Bahia de Valparaiso.

für diese Reisen herausgerückt. Neun Wochen im Hotel, nur um die Federmanns heimzusuchen? Das sah ihr ganz und gar nicht ähnlich. Und so rätselte ich an Tante Fés Geheimnis herum. Ich schrieb ihr ein paar vorsichtige Zeilen an ihre Villa am Genfer See. Keine Antwort!

Da war nichts zu machen. Ich hatte keine Lust, in *La Pervenche* anzurufen; wahrscheinlich wäre ich nur bei ihrem Hausmeister oder ihrem Butler gelandet. »Vielleicht ist sie wieder einmal auf Reisen«, sagte mein weiser Vater, »oder sie will bloß von niemandem gestört werden.« Ich nahm mir vor, mich auf mein ödes Abitur zu konzentrieren, statt den schönen Nachmittagen in den *Vier Jahreszeiten* nachzutrauern.

II

Tante Fés Wiederkehr

Ebenso überraschend, wie sie verschwunden war, hat sie sich nach zwei Monaten wieder gemeldet. Diesmal war es eine kolorierte Postkarte aus Lissabon. »Wenn ihr Zeit und Lust habt, kommt am nächsten Mittwoch nachmittags zu mir ins Hotel«, war auf der Rückseite, wie immer mit grüner Tinte, hingekrakelt. Das Photo zeigte einen leeren, mit einem Wellenmuster gepflasterten Platz: »*Praça de Dom Pedro*« stand darunter. Ich habe sofort

im Internet nachgeschaut, wer das war: ein König von Portugal, der außerdem noch Kaiser von Brasilien war. Wieder einmal hatte ich keine Ahnung, was meine liebe Tante in Lissabon verloren hatte.

Mit Erklärungen, warum sie uns wochenlang im Stich gelassen hatte, hielt sie sich nicht lange auf. Auch Fannys Lust auf einen Eisbecher fand kein Gehör. Statt dessen fing sie mit einer Frage an, auf die keiner eine sofortige Antwort parat hatte:

»Sagt mir doch, ihr Lieben, was ihr eigentlich mit eurem Leben anfangen wollt!«

Fabian war der erste, der sich mit einem leichten Stottern zu Wort meldete.

»Ich glaube, ich möchte am liebsten reich sein.«

»Wozu denn das, Fabian?«

»Das kann ich euch sagen. Weil man um so schlechter bezahlt wird, je öder, langweiliger und scheußlicher die Arbeit ist. Es ist gar nicht wahr, daß Geld stinkt. Im Gegenteil. Schmutzig, laut, eng und giftig geht es immer bei den Armen zu. Wie die mit einem Dollar im Slum überleben, kann ich mir gar nicht vorstellen. Wahrscheinlich durch Schwarzarbeit, oder sie schicken ihre Kinder zum Betteln. Und umgekehrt: je bequemer, komfortabler, angenehmer die Arbeit ist, desto mehr verdient man dabei. Die Herren sitzen dort, wo es gut geheizt ist, auf ihren Chefsesseln und lassen sich ihren Kaffee von der Sekretärin bringen. Und wenn sie unterwegs sind, nehmen sie sich eine Suite, so wie du, in den *Vier Jahreszeiten*. Deshalb habe ich mir vorgenommen, lieber nicht arm zu sein.«

Ein Vertrag mit Gott und andere Mietshaus-Stories aus New York von Will Eisner

138

Alle wunderten sich, mit welcher Klarheit Fabian seine Karten auf den Tisch gelegt hatte. Tante Fé lächelte, aber sie hielt sich zurück.

»Und du, Felicitas? Was hast du vor? Ehrgeizig bist du ganz bestimmt!«

»Und wie!« rief Fanny dazwischen. »Im Gymnasium sagen alle, sie sei die reinste Streberin. Die immer mit ihrem Abitur! Wenn sie vor ihren Heften sitzt, darf sie ja nicht gestört werden. Und weißt du, Tante Fé, von was sie redet? Von ihrem Notendurchschnitt. Weißt du, was das ist?«

»Nein. Ich bin damals, glaube ich, ein paarmal durchgefallen. Mein Vater mußte mich in ein katholisches Internat schicken. Das war unglaublich teuer. Damit die Kasse stimmte, hat die Schwester Anselma immer ein bißchen geschwindelt. Sonst hätten die Eltern einen Riesenaufstand gemacht, wenn das Zeugnis schlecht ausgefallen wäre. Bloß wegen dieses Papierwischs, nach dem einen später nie wieder jemand fragt. Nicht zu fassen, wie ernst die Leute solche Examina nehmen. *Bachelor, Master of something or other*, Promotion und so weiter. Ich halte gar nichts davon. Die Amerikaner sehen das lockerer. Sie geben dir eine Chance, egal wo du herkommst, und nur, wenn du der Firma nichts bringst, fliegst du wieder raus.

Aber meinetwegen, Felicitas, wenn du unbedingt willst, tu, was du nicht lassen kannst, und mach irgendwann mal deinen Doktor.«

»Darum geht es nicht. Auf einen Titel kann ich verzichten.«

»Worauf willst du dann hinaus?«

Ein Tier, das klettern kann, sollte sein Geld nicht einem Affen anvertrauen. Das Geld verachten heißt einen König absetzen; es gewährt Genuß.
Nicolas Chamfort

139

»Ganz einfach: Ich will nie im Leben einen Chef haben, der mir sagt, was ich zu tun habe. Arbeitszeit von neun bis halb sechs, und noch dazu unbezahlte Überstunden als Härtetest. Auf keinen Fall werde ich mich bei einer Bank oder einer Versicherung bewerben. Dort werden die Angestellten in Großraumkäfigen gehalten.«

»Leider haben sie die prächtigen Paläste aufgegeben, in denen man früher von livrierten Dienern empfangen worden ist«, stimmte ihr die Tante zu.

»Ich sage mir: Lieber weniger Geld, aber unabhängig. Das ist die Hauptsache.«

»Aha. Selbständig. So nennt man das doch. Freie Berufe, das hört sich immer gut an.«

»Zeit ist Geld – das ist auch so ein blöder Spruch. Das Umgekehrte ist mindestens genauso wahr: mit Geld kann man sich Zeit kaufen. Deshalb sage ich mir: Arbeiten ja, aber nur wo und wann ich will.«

»Aha. So wie die Künstler, Architekten, Winkeladvokaten, Schauspieler, Tennisspieler und so fort. Aber ich fürchte, die meisten bilden sich nur ein, daß sie freier sind als die anderen. Außerdem ist so was ziemlich riskant. Ich vermute, daß es unter diesen Leuten von Hungerleidern wimmelt.«

Weil nun einmal das Geld in der Welt dasjenige ist, was macht, daß ich das Kinn höher trage, freier aufstehe, härter an andere anlaufe.
Lichtenberg

»Das weiß ich auch. Nur, liebe Tante, was ist mit dir? Du hast es doch auch geschafft, immer dein eigener Herr zu sein.«

»Immer? Woher willst du das wissen? So gut wie jetzt ist es mir nicht immer ergangen. Aber von den alten Zeiten kann ich dir ein anderes Mal erzählen. Ganz wie du willst. Nur nicht heute. Und was ist mit dir, Fanny? Die andern reden, und du sagst gar nichts. Worauf willst du hinaus?«

»Das fragen die Erwachsenen immer. Was willst du werden, wenn du groß bist? Schon in der ersten Klasse fangen sie damit an. Nur Papa schweigt, aber wahrscheinlich macht er sich Sorgen. Euch geht es bloß ums Arbeiten und ums Geldverdienen. Warum soll ich jetzt schon darüber nachdenken? Könnt ihr mich nicht in Ruhe lassen?«

»Was würdest du denn tun, wenn du Geld hättest?«

»Das Geld rollt ganz von selbst davon, weil es rund ist. Deshalb wird man es leicht los. Bevor man lange hin und her überlegt, was man damit anfangen soll, ist es schon weg.«

»Da ist was dran.« Tante Fé runzelte die Stirn, und ich glaubte, daß eine wehmütige Regung in ihre veilchenblauen Augen trat. Aber sie hielt nur für einen flüchtigen Moment an. Dann ging sie wieder zum Angriff über.

»Warum sitzt ihr bloß so herum? Ihr solltet euch lieber selber etwas einfallen lassen. Ich bin nicht euer Schullehrer, der dafür bezahlt wird, daß er euch auf Trab bringt.«

Fanny hob den Finger und erklärte: »Ich weiß was.«

»Endlich. Was schlägst du vor?«

»Im Lift sind lauter Bilder von einem Schwimmbad. Warum gehen wir nicht einmal da hin? Aber unter den Photos steht alles nur auf englisch da: Schpa, Pehling, Wellneß. Was heißt das, und wo ist es?«

»Das weiß ich nicht, Fanny. Vielleicht ist das Bad im Keller. Aber wir können bei der Rezeption fragen.«

»Nein, es muß ganz oben sein. Auf den Bildern sind lauter große Fenster.«

»Dann ist es auf dem Dach. Wenn ihr unbedingt wollt, schauen wir mal nach. *Wellness*, Fanny, das heißt, es soll einem gutgehen.«

Wir fuhren rauf zur obersten Etage. Dort hing ein Schild: »Kinder sind willkommen zwischen 10 und 16 Uhr.«

»Es ist aber gleich vier. Dann lassen sie mich nicht rein«, wandte Fanny ein.

»Das werden wir gleich sehen. Wer ist hier zuständig? Sie?«

»Aber gnädige Frau, das ist natürlich kein Problem«, versicherte der Mann, der mit seinem weißen Mantel und seinem spitzen Schnurrbart halb wie ein Bademeister und halb wie ein Kellner aussah. »Mäntel, Badeanzüge, Handtücher – gleich da vorne links.«

Fanny war begeistert. Der Pool war größer, als ich dachte. Es gab eine Bar. Überall standen Liegestühle, von denen aus man einen phantastischen Blick auf die Türme und Dächer der Stadt hatte. Ich holte mir eine Art Speisekarte, die überall herumlag, und studierte, was alles im Angebot war: Thai-Massagen, Ayurveda, Dampfbäder, Yoga, Peeling, Gesichtsmasken, das ganze Menü. »Alles für die Damen«, murmelte ich.

»O nein«, stellte unsere Tante fest, die mir über die Schulter geblickt hatte. »Auch für die Herren ist gesorgt. Energy Duschgel! Anti-Aging! Wenn ihr mich fragt, alles Schwindel. Und was sehe ich da hinten? Dort stehen diese häßlichen Maschinen, auf denen sich die Müßiggänger abstrampeln. Alles auf englisch, auch das sogenannte *Workout* für Leute, die sich vom Dauerstreß ihrer unnützen Beschäftigungen erholen wollen.«

»Wer kein Geld hat, den lassen sie hier nicht rein«, sagte Fanny.

»Das ist ja klar. Die Reichen möchten lieber unter sich bleiben.«

»In manchen amerikanischen Städten haben sie sich selber eingesperrt, in Vierteln, wo keiner Zutritt hat, der sich nicht ausweisen kann.«

»Kennst du überhaupt richtig reiche Leute, Fabian?«

»Nur aus der Zeitung und dem Fernsehen. Und hier oben sind auch ein paar.«

»Das ist mir egal. Ich gehe jetzt schwimmen«, erklärte Fanny. »Wer kommt mit?«

Fanny war die beste Schwimmerin in der Familie. Sie sprang kopfüber in den Pool und führte uns vor, wie lange sie es unter Wasser aushielt.

»Und du, Tante Fé?«

»Ich war immer zu faul, um richtig schwimmen zu lernen. Ich schaue lieber zu. Warum seid ihr so neugierig auf die Reichen? Niemand kann sie leiden, aber fast alle möchten dazugehören. Das Interessanteste an ihnen ist und bleibt das Geld, und das wissen sie auch. Die meisten sind ziemliche Langweiler, aber über einen Kamm kann man sie nicht scheren; denn sie sind genauso verschieden wie wir, oder wie die Tiere im Zoo. Manche schlagen Räder wie die Pfauen, andere sind scheu wie die Murmeltiere und verstecken sich. Es gibt Listen, auf denen steht, wieviel Nullen sie haben.«

»Das sind die Millionäre.«

»Ach, das war einmal«, sagte meine Tante. »Wo du auch hinschaust, überall gibt es inzwischen Millionen von Millionären. Wer eine gutgehende Metzgerei hat oder eine Wohnung mit der richtigen Adresse, der gehört schon zu diesem Club, dem die Überfüllung droht. Nein. Neun Nullen sind das mindeste, wenn du wirklich reich sein willst.«

»Du meinst, sie müssen eine Milliarde haben.«

»Mindestens. Jedes Jahr erscheint in Amerika eine neue Liste von denen, die dazugehören, und die wird mit jedem Jahr länger. Aber auf eine Null mehr oder weniger scheint es gar nicht mehr anzukommen. Die Staatsschulden haben die Billionengrenze mühelos übersprungen, ohne daß das die Politiker zu bekümmern scheint.

Ein Mann ohne Geld ist wie ein Wolf ohne Zähne.

Normale Leute können mit solchen Zahlen sowieso nichts anfangen. Und um sie noch mehr zu verwirren, gilt bei den Angelsachsen die Milliarde als Billion und die Billion als Trillion.«

145

Der Reiche wird
nicht ärmer, wenn
man auf das Geld
schimpft.

Der Turm von Babel
Pieter Bruegel d.Ä.

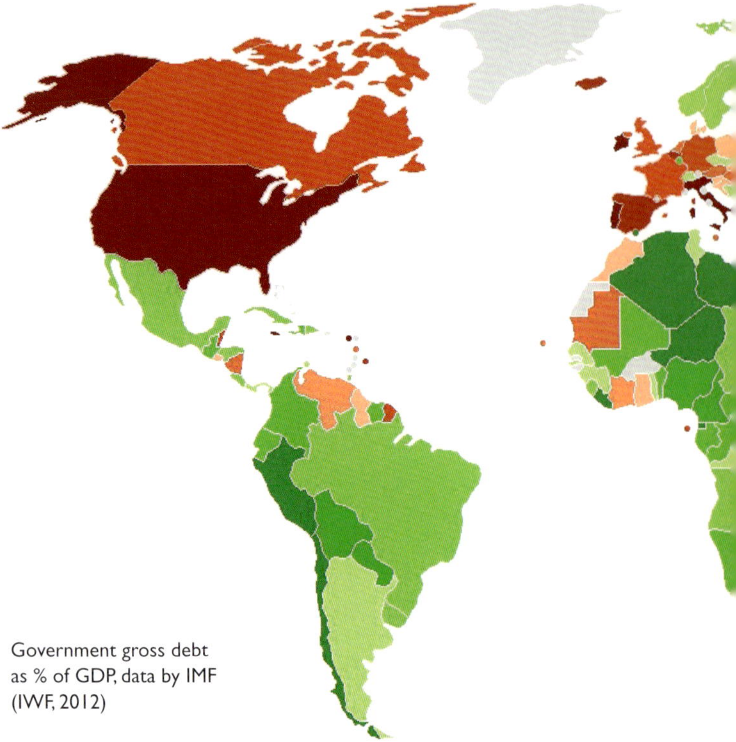

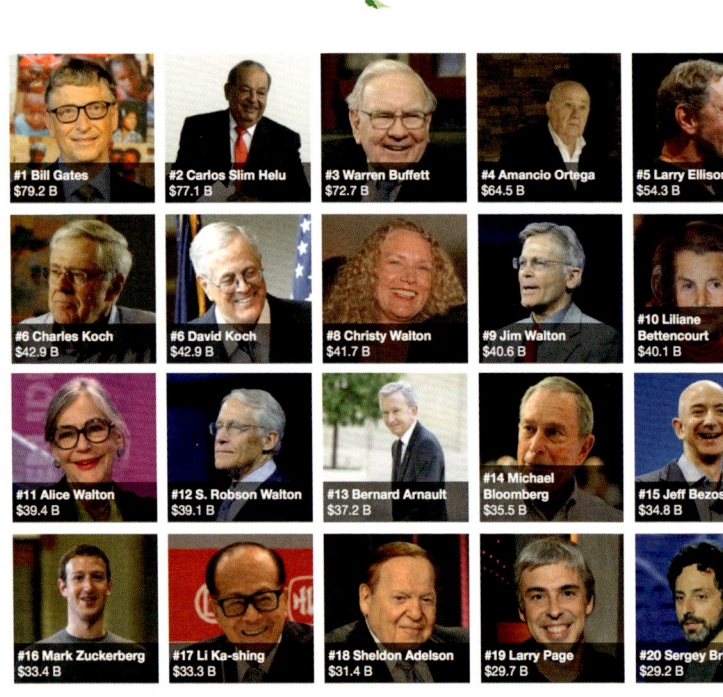

Government gross debt
as % of GDP, data by IMF
(IWF, 2012)

Der Geizige ist das
Roß, das Wein fährt
und Wasser trinkt.

#1 Bill Gates
$79.2 B

#2 Carlos Slim Helu
$77.1 B

#3 Warren Buffett
$72.7 B

#4 Amancio Ortega
$64.5 B

#5 Larry Ellison
$54.3 B

#6 Charles Koch
$42.9 B

#6 David Koch
$42.9 B

#8 Christy Walton
$41.7 B

#9 Jim Walton
$40.6 B

#10 Liliane
Bettencourt
$40.1 B

#11 Alice Walton
$39.4 B

#12 S. Robson Walton
$39.1 B

#13 Bernard Arnault
$37.2 B

#14 Michael
Bloomberg
$35.5 B

#15 Jeff Bezos
$34.8 B

#16 Mark Zuckerberg
$33.4 B

#17 Li Ka-shing
$33.3 B

#18 Sheldon Adelson
$31.4 B

#19 Larry Page
$29.7 B

#20 Sergey Brin
$29.2 B

Die zwanzig Reichsten, Ende 2014, lt. Forbes.

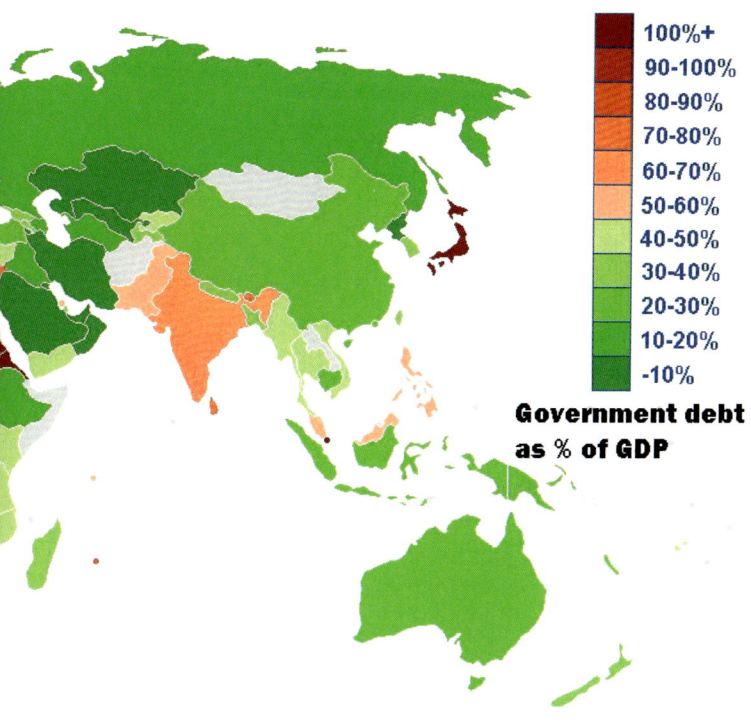

Government debt as % of GDP

»Ich will nichts mehr davon hören.«

»Schon gut, Fabian.«

»Aber du kennst solche Billionäre, oder wie sie heißen?«

»Einmal war ich bei einem Ehepaar an der Algarve eingeladen, das ist in Portugal. Die hatten ein großes Haus dort und gleich daneben einen Golfplatz. Dann stand auf einmal ein Überraschungsbesuch bei ihnen vor der Tür. Eine amerikanische Familie. Das waren entfernte Bekannte, irgendwelche Banker oder Manager, die der Hausherr aus dem Aufsichtsrat kannte. Die wollten während ihres Urlaubs alle exklusiven Golfclubs in Europa abhaken, und deswegen haben sie meine Gastgeber aufgesucht.«

»Und warum erzählst du das?«

»Weil die Dame des Hauses hinterher zu mir sagte, als sie abgereist waren: Die waren wirklich sehr taktvoll; sie haben uns nie spüren lassen, daß wir in ihren Augen mit den paar Dutzend Millionen, die mein Mann hat, arme Schlucker sind.«

»Wie furchtbar.«

»Oh, die waren sehr nett. Es gibt Schlimmeres. Manche von den ganz Reichen sind unerhört geizig. In Paris habe ich einmal erlebt, wie ein Waffenhändler siebzig Leute zum Abendessen in das teuerste Restaurant eingeladen hat. Nach dem Dessert hat er sich aus dem Staub gemacht, und seine Gäste mußten die Rechnung bezahlen.«

»Selber schuld, wer zu so einem hingeht.«

»Sagt euch der Name Getty etwas? Das war ein amerikanischer Ölmilliardär. Den habe ich nie kennengelernt, aber er ist wegen seiner Macken legendär geworden. Einmal haben ein paar italienische Gangster seinen Enkel entführt. Der war damals so alt wie du, Fabian. Die Erpresser verlangten ein Lösegeld von 17 Millionen Dollar, um ihn freizulassen. Sein reicher Großvater weigerte sich, zu zahlen. Erst als die Entführer dem Jungen ein Ohr abschnitten und es einer römischen Zeitung zuschickten, hat er ihnen eine erste Rate zukommen lassen. Ich weiß nicht mehr, wie die Sache ausging, aber wenigstens hat der Junge überlebt.

Sein Großvater hatte sich im Süden Englands ein riesiges Schloß aus dem sechzehnten Jahrhundert gekauft. Kennt ihr die berühmte Geschichte mit dem Telephon nicht? Der Milliardär ärgerte sich über seine Gäste, die ständig ihre Frauen und ihre Freunde in der ganzen Welt anriefen. Das war ihm

Ich halte, daß der Geiz ein' solche Freude bringt, als wann der Durstige viel Salz mit Wasser trinkt.
Georg Philipp Harsdörffer

150

zu teuer. Also schaffte er eine dieser kleinen rot angestrichenen Zellen an, und von da an mußten sie jedesmal ein paar Schilling zur Hand haben, wenn sie jemanden anrufen wollten.«

»Ein krankhafter Geizhals.«

»Ja, aber das ist nur die eine Seite! Derselbe Getty war auch ein großer Mäzen, ein Philanthrop. Ein berühmtes Museum hat er gestiftet mit zigtausend Gemälden, Skulpturen, Zeichnungen, Manuskripten und freiem Eintritt für alle, ein Forschungszentrum und was weiß ich noch alles.«

»Wie Warren Buffett oder Bill Gates.«

»Altes Geld und neues Geld. Manche legen den größten Wert auf diesen Unterschied. Die einen halten sich für etwas Besseres und blicken auf die andern herab, die sie *Parvenus* nennen.«

»Bitte, Tante Fé!«

»Emporkömmlinge, Neureiche, Aufsteiger. Als ob das Schimpfwörter wären! So ein Quatsch. Auch die Fürsten haben einmal klein angefangen, als Bauernleger oder Raubritter, genau wie später die Rothschilds, die Eisenbahn-Barone,

die Carnegies und die Krupps. Da drehe ich die Hand nicht um! Früher konnte man ja noch wissen, wer oben war. Ich habe noch miterlebt, wie von den »Oberen Zehntausend« gemunkelt wurde. Heute gibt es nur noch Prominente. Das sind Leute, die im Fernsehen und in den Boulevardzeitungen zu finden sind. Fußballspieler, Grafen, die Autos in China verkaufen, Popstars, Hausfrauen, die einen Bestseller geschrieben haben, und nicht zuletzt die Schwatzmeister.«

»Das habe ich noch nie gehört.«

»Sie nennen sich selber so, weil sie lieber Amerikanisch sprechen. Die Talkmaster. Früher trat so etwas in der Music Hall auf und gehörte zur Bohème.«

»Und die magst du nicht?«

»Ich glaube, als ich jung war, habe ich selbst zu diesem Lumpenpack gehört.«

»Was ich an den Superreichen nicht verstehe, Tante Fé: Wenn jemand mehr Geld hat, als er jemals brauchen kann, warum kann er dann nicht aufhören mit der Geldschneiderei? Nur, weil er eine noch größere Yacht haben will als die andern? Das ist doch rätselhaft.«

»Kommt ganz darauf an, mit wem du dich vergleichst. Hast du mal etwas vom Grenznutzen gehört?«

»Sagt mir nichts.«

»Ist aber ganz simpel. Je mehr Millionen du hast, desto weniger bringt es dir, wenn du einen Hunderter dazugewinnst. Einer von diesen Typen hat mir einmal eine alte Anekdote erzählt, als ich ihn fragte, warum er immer weitermacht, um seinen Haufen zu vergrößern. Die geht so: Ein Wohltäter wirft einem Obdachlosen zweihundert Euro auf den Blechteller. Der ist verblüfft und freut sich gewaltig. Der Spender sagt: Wie wenig braucht dieser, um glücklich zu sein! Bei mir bräuchte es schon eine gelungene Fusion mit der australischen Konkurrenz, um mich in eine solche Hochstimmung zu versetzen. Um die Portokasse, sagte er, könne er sich nicht kümmern. Ihr seht daraus, daß Reichsein nicht nur eine Beschäftigung ist, sondern auch eine Art Beruf. Es fällt den meisten schwer, davon abzusehen, und selbst wenn es einem Superreichen gelänge, sich über seine Milliarden hinwegzusetzen – die anderen würden ihn andauernd daran erinnern.«

»Bei mir reicht es schon, wenn du mir wieder einmal etwas hinblätterst. Dann kann ich mir endlich ein neues Fahrrad kaufen, Tante Fé.«

»Also merkt euch die Sache mit dem Grenznutzen. Um zu kapieren, was das heißt, braucht man keine Universität.«

Ich wunderte mich, wie meine Geschwister an Tante Fés Lippen hingen. In der Schule waren sie nicht so wißbegierig. Sogar die Fanny gab sich noch nicht zufrieden.

»Woran erkennst du überhaupt, wie reich jemand ist?« fragte sie.

»Dreimal dürft ihr raten.«

»An den Kleidern.«

»Wenn einer ein dickes Auto fährt.«

»Oder an einer Doppelgarage.«

»Wer die besten Schuhe anhat.«

»Schon besser. Aber auch damit hat sich schon mancher schwer geirrt. Es kommt vor, daß einer in Blue Jeans und billigem T-Shirt in der Lobby auftaucht, und dann stellt sich heraus, daß er dabei ist, das ganze Hotel aufzukaufen. Oder umgekehrt, der allzu perfekte Typ im weißen Brioni-Anzug entpuppt sich als Hochstapler, der seine Miete nicht bezahlen kann. Seht ihr den Russen da drüben, der mit den überquellenden Hosentaschen? Gleich wird er ein Bündel von Fünfhundert-Euro-Scheinen hervorziehen. Es kann aber leicht sein, daß er von Interpol gesucht wird. Unfehlbar ist nur unser Portier. Der Herr Stäuble hat seinen Röntgenblick jahrzehntelang trainiert. Er kennt die Spielregeln, und er weiß auch, wie schnell die sich ändern können.«

»Wie denn?«

»Überlegt doch mal! Früher sahen die Armen halbverhungert aus, und die Reichen, die Kurfürsten, die Kardinäle und

Wer es auf andere Weise nicht schafft, sollte sich durch seine Schulden berühmt machen.

Balzac

die Pfeffersäcke waren feist. Heutzutage ist es umgekehrt. Besonders in Amerika. Je schlechter das Wohnviertel, desto fetter die Bewohner. Aber hier oben auf dem Dach ist es genauso. Besonders die Damen: nichts als Haut und Knochen.«

»Du magst die Reichen nicht, obwohl du selber zu ihnen gehörst. Du gibst es nur nicht zu.«

»Ich habe nichts gegen die Reichen, mein lieber Fabian! Die sind so unvermeidlich wie das Wetter. Man kann sich über einen verregneten Sommer ärgern, aber das nützt nicht viel. Sag mir eine menschliche Gesellschaft, die diese sonderbare Menagerie losgeworden wäre! Am Anfang haben es die Bolschewiken versucht, aber bald haben sich ihre Chefs wieder ein komfortables Dasein eingerichtet. Lenin hat einen Rolls-Royce gefahren, den du in Moskau im Museum bewundern kannst, und in die enteigneten Paläste sind die

Revolutionäre selber eingezogen. Und genau wie der Reichtum verschwindet auch die Armut nie.«

»Dir macht das nichts aus, Tante Fé.«

»Kommt ganz darauf an, was man darunter versteht, Fabian, und wer die Statistik gefälscht hat. Meinst du die absolute oder die relative Armut?«

»Entschuldige, aber jetzt wirst du spitzfindig. Jeder weiß doch, was es heißt, arm zu sein.«

»Ich will euch nicht langweilen. Vielleicht wollt ihr lieber die Sauna ausprobieren?«

»Mir ist jetzt schon zu heiß.«

»Oder eine kalte Dusche. Man kann sich auch mit gebrochenem Eis abreiben.«

»Du willst nur ablenken.«

»Gut. Dann bleiben wir dabei. Die Weltbank sagt, arm ist jeder, der mit weniger als einem Dollar pro Tag auskommen muß. Andere halten sich an den Median. Was das genau ist, habe ich vergessen. Irgendein Mittelwert vermutlich. Dagegen glaubt die Weltgesundheitsorganisation, die in Rom sitzt, arm seien alle, die weniger als 60 % des Durchschnittseinkommens in der Tasche haben. Ziemlich tückisch, das siehst du sicher ein.«

»Wieso?«

»Weil das bedeutet, daß die Armut zunehmen muß, egal wie wohlhabend eine Gesellschaft ist. Stell dir ein Land vor, in dem die Leute durchschnittlich eine Million verdienen; dann würde einer, der nur 500 000 kriegt, sofort in der Armutsfalle landen. Und davor hat jeder Angst, auch der berühmte kleine Mann.«

»Von dem nur du glaubst, daß er so winzig ist.«

»Er fürchtet sich immer. Davor, daß er seinen wertvollen Arbeitsplatz verliert. Daß ihm seine Frau davonläuft, weil ihn die Scheidung ruinieren könnte. Ein Kunstfehler bei einer Knieoperation, und schon braucht er einen Rollstuhl. Immerzu droht ihm das Gespenst der Deklassierung.«

»Wahrscheinlich bist du auch noch für die Schwarzarbeit und gegen den Mindestlohn.«

»Über den hast du dich schon einmal ereifert.«

Ich ahnte, wie die Pingpongpartie zwischen meinem Brüderchen und meiner Tante, dieser gewieften Zynikerin, weitergehen würde. Fabian würde früher oder später eine längere Rede über die »soziale Gerechtigkeit« halten.

»Das ist eine großartige Idee«, verkündete er.

»Nur daß nie etwas daraus geworden ist. Das, was du dir unter einer gerechten Gesellschaft vorstellst, ist nie erreicht worden. In Zehntausenden von Jahren sind alle Versuche, einen solchen Zustand herbeizuführen, gescheitert, von Spartakus bis Mao und Pol Pot.«

»Aber totzukriegen ist dieser Traum niemals.«

Und so weiter. Ausgerechnet er hält an ihm fest, der uns noch vor kurzem laut und deutlich erklärt hat, daß er am liebsten reich sein möchte. Dabei hat mir noch niemand im Ernst erklären können, was die labbrige Formel von der sozialen Gerechtigkeit, die in allen Parteiprogrammen hergebetet wird, bedeuten würde, wenn man sie tatsächlich ernst nähme. Aber auch wie Tante Fé, die seine Moralpredigten nicht ausstehen kann, mein Brüderchen in die Enge trieb, wollte ich mir nicht länger anhören. Ihrem endlosen Palaver hätte ich sogar einen Yoga-Kurs oder eine Fußreflexzonenmassage vorgezogen. Aber

Ich hab immer nur Geld verdient, um es auszugeben. Das können nicht viele von sich sagen. Captain Meadows in Somerset Maughams Erzählung ›Die Heimkehr‹

da wartete meine Tante schon wieder mit einer Überraschung auf: einer Eloge auf Karl Marx, die ich ihr nie zugetraut hätte. »Einmal hatte ich einen Liebhaber, der ein richtiger Kommunist war.« So fing sie an. »Das war ausgerechnet in New York, im Greenwich Village, wo ich mich Anfang der fünfziger Jahre herumtrieb. Dieser hübsche Kerl aus dem Mittleren Westen wollte mir beibringen, was die Partei unsereinem zu bieten hatte. Aber damit ist er bei mir schlecht angekommen. Denn als er mir mit seinen Flugblättern kam, habe ich lieber in das berühmte Kommunistische Manifest reingeschaut, und seitdem wußte ich Bescheid. Dieser Marx mag ein ziemlicher Kotzbrocken gewesen sein, aber ein Phrasendrescher und Etikettenschwindler wie seine amerikanischen Genossen war er nicht.

Marx hin, Marx her.
AP Weber

So ein gescheiter Mann, und so unbestechlich! Natürlich hat er nie richtig Geld verdient. Er mußte alle seine Freunde anpumpen, um Frau und Kinder durchzubringen. Und das hat ihn geärgert. Er bekam lauter schmerzhafte Furunkel und starb mit 56 an einem Lungentumor. Sicher war er ein Wutnickel, aber trotzdem hat er mit einem kalten Adlerblick gesehen, was los war. Das ist eine Seltenheit! Wie gern hätte ich mich mit ihm unterhalten!«

»Über was?«

»Schon vor hundertfünfzig Jahren hat er prophezeit: Das wird bös enden mit dem Kapitalismus! Das sehe ich auch so, hätte ich gesagt, aber wann genau wird er denn zusammenbrechen? Doch nicht, solange wir beide leben, Sie und ich?«

Wie es dann weiterging, weiß ich nicht. Ich griff zu meiner bewährten Ausrede und behauptete, ich müsse mich leider auf das lachhafte Abitur vorbereiten.

»Entschuldigt mich. Ihr könnt gerne bleiben«, sagte ich. »Ich finde allein nach Hause.«

Aber das war ihnen auch nicht recht. Der Herr Forster wartete schon an der Rezeption, um uns einzusammeln.

Später, in meinem kleinen Zimmer, bin ich wieder ins Grübeln gekommen. Ich habe mich gefragt, wo meine Tante eigentlich hingehört. Die Linken nennen das, glaube ich, Klassenanalyse. Zwar habe ich, genau wie meine Tante, das *Manifest* gelesen. Das sind ja nur ungefähr fünfzig Seiten. Aber die dicken blauen Bände habe ich nie studiert. *Das Kapital* habe ich mir extra mal angeschaut, in der Staatsbibliothek. Drei Bände, über zweitausendfünfhundert Seiten. Außerdem hat mir eine geduldige Bibliothekarin erklärt, daß Marx die dicke Bibel, mit der er uns alles erläutern wollte, nie zu Ende brachte. Die ganz Eifrigen sagen, man müßte dazu auch noch in den *Theorien über den Mehrwert* herumstochern, und die seien noch mal so dick.

Da habe ich aufgegeben, obwohl ich gern mehr davon verstünde. Mir fällt auf, daß die Lehrer in der Schule, genauso wie die Leitartikelschreiber in den Zeitungen, das Wort *Klasse* ungern in den Mund nehmen. Bei denen heißt es immer nur *Schicht*. Wahrscheinlich haben sie sich das angewöhnt, weil sie mit den Marxisten nichts zu tun haben wollen. Die Statistiker stellen sich die Gesellschaft eher wie einen Baumkuchen vor, der so viele Schichten hat, daß man ganz durcheinanderkommt, wenn man sie zählen will.

Früher hätte man Leute wie uns, die Federmanns, als typische Kleinbürger bezeichnet. Mein Vater ist ja ganz gewiß

kein Proletarier, und Mama würde es sich verbitten, wenn man sie zur Arbeiterklasse rechnen wollte.

In Amerika und in England gibt man allerdings noch zu, daß es Klassen gibt. Alle reden dort von der *upper*, der *middle* und der *lower class*. Ja, wenn es damit sein Bewenden hätte! Aber nein, alle legen Wert darauf, die Torte möglichst scharf in Scheibchen zu schneiden. Das sieht dann so aus: *Upper upper, upper middle, middle middle, lower middle, upper lower, middle lower, lower lower class.* Man braucht kein

■ Absolute Oberschicht ▪ Oberschicht

Mathematiker zu sein, um zu sehen, daß man diese Methode so lange weitertreiben kann, bis nur noch ein Blätterteig übrigbleibt.

Ich sage mir: So kommst du nicht weiter. Das ist etwas für Soziologen. Verlaß dich lieber auf deinen Geruchssinn. Dazu braucht man keine Bücher zu lesen. Die meisten Menschen, ich möchte behaupten, fast alle, wittern sofort, zu welchem Clan jemand gehört. Schwer zu sagen, was sie damit meinen. Wie einer daherredet, wie er geht, was er ißt, was er anhat und wo er wohnt. Lauter kleine Zeichen. Je nach Nase ist dieses Unterscheidungsvermögen schwächer oder stärker entwickelt. Das ist so wie bei den Parfümeuren, den Kaffee- oder Tee-Testern. Nur ein Spezialist wie unser Hotelportier Herr Stäuble sieht mit einem Blick, wie es mit Geld, Status und Herkunft eines Gastes, mit einem Wort, seiner Klassenlage, aussieht, und wenn er wollte, könnte er sogar Worte dafür finden. So gut bin ich bei weitem nicht, aber ich mache Fortschritte.

Neulich bin ich einem der Geheimnisse meiner Tante auf die Spur gekommen. Ich weiß nicht, warum der Portier mich immer so gut behandelt, obwohl ich ihm nie ein Trinkgeld gegeben habe. Ich habe ihn nach einem Mann gefragt, der mir ein oder zwei Mal im Lift aufgefallen ist, und der jedesmal auf Tante Fés Etage aussteigt. Er ist sehr diskret, ungefähr sechzig, immer perfekt angezogen mit einem lässigen Einstecktuch oder einer weißen Nelke im Knopfloch. Er hinkt ein wenig und spricht ein gutes Englisch. Vielleicht hat er in Oxford studiert, aber ich höre einen deutschen Akzent heraus. Ich glaube, daß er sich, jedesmal wenn Tante Fé zu uns in die Stadt kommt, mit ihr trifft.

Scham wohnt immer bei den Armen. Der Reiche ist dreist und entschlossen. Hesiod

161

Dr Havelschmidt

»Sie meinen gewiß den Herrn Dr Havelschmidt«, sagte Herr Stäuble.

»Wer ist das?«

»Ein sehr bekannter Anwalt aus der Schweiz, der oft bei uns absteigt. Er steht manchmal in der Zeitung. Ich verrate Ihnen also kein Geheimnis, Fräulein Federmann.«

So wie Tante Fés Besucher heißt kein Engländer. Havelschmidt ist, glaube ich, kein jüdischer Name; doch ich möchte wetten, daß er aus einer Emigrantenfamilie kommt.

Zuerst habe ich überlegt, ob er es auf Tante Fé abgesehen hat, weil sie das ist, was man eine gute Partie nennt. Aber ich glaube kaum, daß sie mit ihm flirtet. Im Aufzug hat er immer einen Aktenkoffer mit einem Zahlenschloß bei sich. Ob da Geld drin ist? Sie verhandeln miteinander. Ich weiß bloß nicht, worum es dabei geht. Jedenfalls ist keiner von uns in der Nähe, wenn die beiden sich zurückziehen, um über Geschäfte zu reden.

Dann kamen die Sommerferien. Mit den munteren Einladungen in Tante Fés Hotelsuite war es aus und vorbei. Unsere Eltern sahen ihrem Urlaub gefaßt entgegen. Günstige Flüge und preiswerte Ferienhäuser auf Elba für die ganze Familie, damit kennen sie sich aus. Auch mir war die kleine Maschine seit Jahren zur Genüge vertraut, ebenso wie der Sandstrand, der Wochenmarkt und der Bus nach Capoliveri.

Daß Fabian und Fanny mitkommen mußten, verstand sich von selbst. Nur ich hatte keine Lust. »So ein Urlaubsort ist dir wohl nicht gut genug?« fragte meine Mutter.

Wieder nutzte ich meine Abiturvorbereitungen als Freibrief und durfte zu Hause bleiben, obwohl die Prüfungen noch in weiter Ferne lagen.

Meine Tante hat mir nicht übelgenommen, daß ich vor lauter Wellness, Fitness und Sozialer Gerechtigkeit davongelaufen bin. Im Gegenteil. Sie hat mich huldvoll in die Hotelhalle eingeladen. Sie bestand darauf, daß es nicht um ein Mittagessen ging, sondern um ein Gabelfrühstück. Das war meine Chance, mit ihr einmal nicht *en famille,* sondern unter vier Augen zu reden. »Du gehst zu wenig«, warf ich ihr vor. »Immer bist du bloß mit deinem Herrn Forster und der Limousine unterwegs! Wollen wir nicht einmal einen langen Spaziergang machen, nur wir beide? Es ist ein so schöner Septembertag heute, wolkenlos und nicht zu heiß. Und du bist doch ganz gut zu Fuß.«

»Allerdings. Da habe ich noch nicht zu klagen. Hast du eine Idee, wohin?«

»Wie wäre es mit dem Planetenweg? Der führt am Fluß entlang und ist nicht anstrengend.«

An die Freude

Freude, schöner Götterfunken,
  Tochter aus Elysium,
Wir betreten feuertrunken,
  Himmlische, dein Heiligtum.
Deine Zauber binden wieder,
  Was die Mode streng geteilt,
Alle Menschen werden Brüder,
  Wo dein sanfter Flügel weilt.

Chor
  Seid umschlungen, Millionen!
    Diesen Kuß der ganzen Welt!
    Brüder – überm Sternenzelt
  Muß ein lieber Vater wohnen …

Freude heißt die starke Feder
  In der ewigen Natur.
Freude, Freude treibt die Räder
  In der großen Weltenuhr.
Blumen lockt sie aus den Keimen,
  Sonnen aus dem Firmament,
Sphären rollt sie in den Räumen,
  Die des Sehers Rohr nicht kennt!

Chor
  Froh, wie seine Sonnen fliegen
    Durch des Himmels prächtgen Plan,
  Wandelt, Brüder, eure Bahn,
    Freudig wie ein Held zum Siegen …

Friedrich Schiller

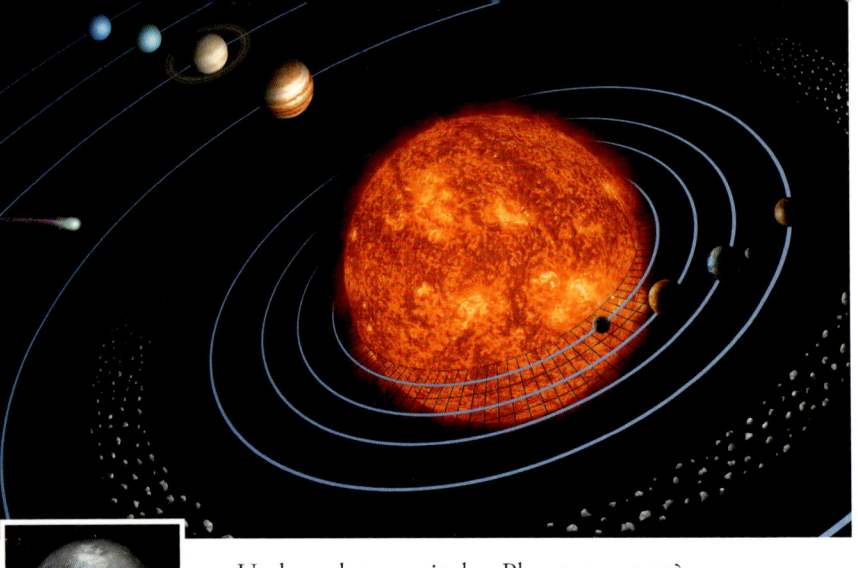

Pluto

»Und was hat er mit den Planeten zu tun?«

»Er führt an neun Tafeln vorbei, die etwas über die Trabanten der Sonne erzählen: Merkur, Venus, Erde, Mars, Jupiter, Saturn, Uranus, Neptun, Pluto.«

»Das hast du bestimmt auswendig gelernt, in deinem Gymnasium.«

»Nein. Ich gehe öfter dort spazieren. Der Trick dabei ist, daß die Planeten nicht nur in der richtigen Reihenfolge an einem vorbeiziehen, sondern auch in der richtigen Entfernung von der Sonne. Jeder Schritt auf dem Weg entspricht einer Million Kilometer im Weltall.«

»Ob ich das noch schaffe?«

»Der Planetenweg ist nicht asphaltiert. Das ist gut für die Füße. Hast du Lust? Wie wäre es mit heute nachmittag?«

Sie konnte diesem kleinen Abenteuer nicht widerstehen. Ich besorgte uns ein Taxi bis zum Ausgangspunkt, der Sonne. Das Zentralgestirn thront als vergoldete Kugel im Innenhof eines Museums. Schon nach ein paar Schritten passiert man als Spaziergänger die Tafeln mit dem Merkur und der Venus.

Wenig später folgt die Erde. Doch dann werden die Abstände zum nächsten Wandelstern immer länger.

Natürlich dachte meine Tante nicht daran, sich auf die Astronomie zu konzentrieren. Schon vor der nächsten Brücke fragte sie mich: »Sag mal, Felicitas, wie hältst du es mit den Männern? Hast du einen festen Freund?«

»Einen bin ich gerade erst losgeworden.«

»Sicher hatte er Angst vor dir. Die meisten Männer geraten in Panik, wenn eine Frau gescheiter ist als sie.«

»Warum bist du so mißtrauisch, Tante? Das ist doch ungesund.«

»Das erkläre ich dir vielleicht ein anderes Mal. Wie weit ist es denn bis zum Pluto?«

»Mehr als eine gute Stunde. Er ist nach dem Gott der Unterwelt benannt und ziemlich weit weg. Mein Lateinlehrer behauptet, er sei der Spender des Reichtums. Das soll der Philosoph Platon gesagt haben. Kann schon sei, daß dieser Gott verehrt wurde. Aber trotzdem hatte er einen zweifelhaften Ruf. Manche der alten Griechen haben ihn für die Herrschaft des Geldes verantwortlich gemacht.«

»Die Plutokratie.«

»Du sagst es. Dabei war in Athen von den politischen Bürgerrechten ausgeschlossen, wer nichts hatte. Er durfte auch kein öffentliches Amt ausüben. Ich glaube, Aristoteles war von einem solchen Regime nicht gerade begeistert.«

»Mein Vater Ferdinand hat so etwas noch selber erlebt. In Preußen gab es damals das Dreiklassenwahlrecht. Je weniger Steuern einer zahlte, desto weniger hatte er zu melden. Diese Regel galt bis 1918. Und du weißt ja, daß jeder, der

Geiz ist seine eigne Stiefmutter.
Christoph Lehmann,
Politischer
Blumen-Garten

P

unbedingt Präsident der USA werden will, für seinen Wahlkampf zumindest ein paar Milliarden blechen muß. Sonst
kann er es gleich bleibenlassen. Nur warum sich jemand so
etwas antut, das werde ich nie begreifen.«

»Tante Fé, hier wird es allmählich zu heiß. Weiter vorne
gibt es einen Kiosk. Möchtest du einen Eistee?«

»Ob der hier was taugt?«

»Gib mir deinen Stock und setz dich zu mir auf die Bank.
Wenn du willst, kann ich dir inzwischen allerhand über den
Pluto erzählen.«

»Meinetwegen. Ich höre mir gern an, was so ein Green-
horn wie du alles im Kopf hat, auch wenn ich das meiste, was
die jungen Leute sagen, gleich wieder vergesse.« – »Diesen
Planeten haben die Astronomen lange vergeblich gesucht.
Erst 1930 entdeckte ihn zufällig ein junger Amerikaner. Die
großen Männer der Astronomie waren vermutlich beleidigt,
daß ein Unbekannter ihnen zuvorgekommen war. Alle anderen freuten sich über den Neuzugang am Himmel. Aber vor
ein paar Jahren wurde der Pluto degradiert. So etwas kann
über Nacht selbst einem alten Gott passieren.«

»Genau wie unseren *Global Players* von heute, den *Masters
of the Universe*.«

»Du willst sicher nicht hören, wie es bei seiner Absetzung
zugegangen ist.«

»Doch. Der Tee ist nicht besonders. Er kommt aus der
Dose. Aber er tut mir trotzdem gut.«

»Es gab einen Riesenstreit auf einem astronomischen Kon-
greß in Prag. Am Schluß wurde darüber abgestimmt, ob der
Pluto zum Zwergplaneten heruntergestuft werden sollte.

Präsidentschaftskandidat W. Willkie, 1940 in Elwood, Ind. USA – F. D. Roosevelt gewann.

Die Mehrheit war dafür. Jetzt ist der Alte nur noch einer von hunderttausend andern Herumtreibern im Sonnensystem, wie die Kometen und die Asteroiden.«

»So weit ist es also mit den Wissenschaftlern gekommen, daß über die Wahrheit per Mehrheitsbeschluß entschieden wird.«

»Ganz demokratisch, wie im Parlament.«

»Mir tut der arme Pluto leid.«

»Ach Kind, das Leben ist nicht nur tragisch. Man muß auch die Komik sehen, so wie bei unseren Liebesgeschichten.«

»Gut, dann lassen wir das Sonnensystem und bleiben lieber auf der Erde. Wie oft warst du eigentlich verheiratet, Tante Fé?«

»Zweieinhalbmal, glaube ich.«

»Die halbe, war das eine wilde Ehe? Ein Konkubinat? So hat man das doch damals genannt.«

»Das sind uralte Geschichten.«

»Um so besser.«

»Mein Erster war einer dieser fatalen *Latin Lovers*. Ein Argentinier. Aus guter Familie, aber völlig skrupellos. Stell dir einen zweiundzwanzigjährigen Typen vor, bißchen Dandy, dreisprachig, vorzüglicher Tangotänzer. Ich studierte in Vassar, das ist ein College, an dem damals nur Frauen zugelassen waren. Ein ziemlich teurer Laden. Prächtige Gebäude in einem Kaff namens Poughkeepsie am Hudson River. Und der schöne Antonio lebte bei seinen Eltern ganz in der Nähe, in Rhinebeck. Den Rest kannst du dir denken. Romantische Verlobung gegen den Willen meiner Eltern. Kurz nach dem Zweiten Weltkrieg haben wir das Ereignis im Kreis seiner

Ah, Zeit! Bargeld! Kunst! Und Geduld!
Herman Melville

170

Kumpane gefeiert. Lauter kleine Playboys. Einmal, als ihm das Geld ausging, war ich so blöd, ihm eine Bürgschaft zu geben. Nie wieder! Merkt euch das! Wenn ihr so was unterschreibt, hat euch die Bank im Würgegriff. Endlich merkte ich, daß es der schöne Alfonso auf mein Vermögen abgesehen hatte, und da habe ich ihn rausgeschmissen.«

»Wieso hattet ihr so viel Geld?«

»Wenn du das wissen willst, mußt du dich auf einen deutschen Familienroman gefaßt machen.«

»Gern.«

»Aber bevor ich damit anfange, zünde ich mir noch eine Virginia an. Hast du Feuer? Also, das war so. Mein Vater Ferdinand hatte sich nach dem Krieg Hals über Kopf in meine Mutter Feodora verliebt, und die beiden haben sehr jung in Berlin geheiratet. Sie war eine geborene Feyerabend, also jüdisch. Mit der Religion hatten beide nichts am Hut. Ich glaube, mein Vater war eher deutschnational. Ein grundsolider Mann. Er hatte an der Technischen Hochschule studiert, und als er fertig war, übernahm er einen kleinen Laden in Steglitz und machte eine kleine, aber feine Maschinenfabrik daraus. Er wurde schnell reich, und bis 1933 ging alles gut.

Das Dumme war nur, daß meine Mutter andauernd Kinder bekam. Ich war ihr viertes Baby. Meine älteren Geschwister habe ich nie wiedergesehen. Wahrscheinlich sind sie ausgewandert, oder sie sind ermordet worden oder verschollen. Tut mir leid, daß ich mich nie darum gekümmert habe, was aus ihnen geworden ist, aber ich war damals viel zu klein, um zu kapieren, was in Deutschland vor sich ging. Genauso ging es deinem armen Großvater, der noch drei Jahre jünger war als ich.«

»Und dann seid ihr ausgewandert.«

»Das war gar nicht so einfach. Meine Eltern haben lange gezögert, weil sie Hitler für einen Pappkameraden hielten, der sich nicht lange halten würde. Erst 1935 ist der Groschen bei ihnen gefallen. Die Fabrik mußte unter Druck und möglichst schnell verkauft werden. Man nennt das Arisierung. Mein Vater konnte am Ende gerade noch eine knappe Hälfte seines Vermögens retten.«

»Wo sind sie hingegangen? Nach Amerika?«

»Mit dem Zug nach Amsterdam, und dann nach England. Es war nicht leicht, für all ihre Kinder die Visa und Einwanderungspapiere zu bekommen. Ein unvorstellbarer Papierkrieg! Und deswegen mußten sie den kleinen Philipp, deinen Großvater, der damals keine zwei Jahre alt war, einer entfernten Cousine in München anvertrauen, die kinderlos war und nichts gegen die Nazis einzuwenden hatte. Sie wollten ihn später nachholen, aber daraus ist nie etwas geworden. Die alte Schreckschraube wollte deinen Großvater nicht wieder hergeben. Das gab Krach zwischen den amerikanischen Federmanns und dem Münchner Zweig der Familie.«

172

»Darüber ist bei uns nie gesprochen worden«, sagte ich. »Papa hat sich über diese Zeit immer ausgeschwiegen, und ich weiß nicht, wie es unserm Großvater im Dritten Reich ergangen ist.«

»Ach, der Philipp kann nichts dafür, daß ihn die Stiefmutter großgezogen hat. Ein bißchen Hitlerjugend, die widerlichen kackbraunen Hemden – wenn es sonst nichts ist! Hauptsache, daß er kein Nazi war.«

»Aber wie haben es deine Eltern in Amerika geschafft?«

»Sie landeten mitten in der großen Krise. Kennst du das Liedchen ›*Brother, can you spare a dime?*‹«

»Nein.«

»Ich kann es dir vorsingen. Vielleicht hebt das meine Stimmung.

> *They used to tell me I was building a dream*
> *With peace and glory ahead*
> *Why should I be standing in line*
> *Just waiting for bread?*‹«

Zwei Rentner blieben stehen und hörten mit offenem Munde zu. Tante Fés Stimme war ein bißchen zittrig. Die Geschichte hatte sie doch mitgenommen. Aber so leicht gab sie nicht auf.

» ›*Once I built a railroad, made it run*
> *Made it race against time*
> *Once I built a railroad, now it's done*
> *Brother, can you spare a dime?*‹

Ich fürchte, ich bin nicht ganz so gut wie Bing Crosby«, sagte sie und zwinkerte mir zu.

»Du warst sicher besser als Fanny mit ihrem Spektakel. Aber wie ging es weiter mit euerm Einwandererdasein in Amerika?«

»Das war die reinste Achterbahn. Rauf und runter mit der Konjunktur. Dann kam Roosevelt dran und der New Deal. Es ging aufwärts, und mein Vater machte wieder glänzende Geschäfte. Die Eltern hatten ein großes Haus in Massachusetts gekauft, und ich wurde nach Strich und Faden von ihnen verwöhnt.«

»Das, liebe Tante, merkt man dir heute noch an.«

»So?«

»Was hast du denn nach dem Studium angefangen?«

»Mein Vater ist mit 53 Jahren gestorben. Viel zu jung. Erst mußte er die Kinder in der Emigration durchbringen, dann hat ihm die Krise zugesetzt, und dann der Erfolg. Bekanntlich wird ja auch der Erfolg bestraft, nur nicht so schwer wie das Fiasko. Mein armer Vater hat immer zuviel gearbeitet. Mama war nicht nur zäher, sie hat sich auch nie ums Geld gekümmert.«

»Und was ist aus dir geworden?«

»Sie haben mich in Vassar rausgeschmissen, obwohl ich gute Noten hatte.«

»Warum denn?«

»Weil ich nicht guttat, haben sie gesagt.«

»Und dann?«

»Das sage ich nicht. Es ist mir zu langweilig. Laß uns weitergehen. Wann kommen wir endlich zum Neptun? Ist es noch weit?«

»Wir gehen nur, solange du willst. Und bis dann möchte ich noch mehr von deiner Karriere hören. Ehrgeizig bist du sicher gewesen.«

»Damit war es bei mir nie weit her. Ich bin nicht im Traum auf die Idee gekommen, regelmäßig zu arbeiten«, sagte sie stolz.

»Also hast du munter vom Geld deines Vaters gelebt.«

»Solang es gutging, ja. Aber dann hatte ich die New Yorker Bohème ebenso satt wie meine Liebhaber. So ging das zehn Jahre lang, bis ich am Ende den lieben Archibald geheiratet habe.«

»Wer ist denn das schon wieder? Den hast du nie erwähnt.«

»Vielleicht war er nicht weiter erwähnenswert. Zwar nett, aber ein paar Jahre älter als mein Vater. Das muß man sich mal vorstellen! Meine Freunde nannten ihn nur den sugar daddy. Aber er war ziemlich reich und unerhört tolerant. Kein Wort über meine gelegentlichen Affären! Das ging gut, bis er mit 65 friedlich verschieden ist. Und von da an war ich endlich unabhängig. Genau das, was du dir immer wünschst. Ich wollte mehr von der Welt sehen.«

»Wo hast du dich herumgetrieben?«

»Lissabon, London, Brasilien, Frankreich. Das, was damals üblich war. Außerdem hatte mich Archibald in die Geheimnisse der Finanzwelt eingeweiht, und ich bildete mir ein, daß ich genügend von Termingeschäften und Devisenspekulationen verstand, um ein bißchen mitzuspielen. Eine Zeitlang hat das viel Spaß gemacht, aber wenn du wüßtest, wieviel Geld ich dabei verloren habe …«

Wenn man viel hineinzustecken hat, so hat ein Tag hundert Taschen.
Friedrich Nietzsche

»Die Sparsamkeit war nie deine Sache, Tante Fé. Das weiß ich doch.«

»Leider habe ich das Geld mit vollen Händen zum Fenster hinausgeworfen.«

»Und deine Mama hat sich Sorgen gemacht.«

»Ja. Das ging lange so, bis mir ein alter Freund meines Vaters über den Weg gelaufen ist, ein berühmter Kardiologe. Wir waren beide nicht mehr die Jüngsten, ich mit fünfzig

und er mit über siebzig. Dr Leo Spitzer, so hat er geheißen. Wir haben geheiratet, und was soll ich dir sagen? Es war die reinste Idylle!«

»Und du warst auf einmal treu wie Gold?«

»Er auch.«

»Kunststück, in eurem Alter.«

»Da gibt es nichts zu lachen, meine Liebe. Im Gegenteil! Nur wollte er seine Klinik nie aufgeben. Wie ein Verrückter hat er gearbeitet. Und nach zehn Jahren ist mein Leo ganz plötzlich gestorben, an einem ganz banalen Hitzschlag. Ich fand ihn viel zu spät auf der Terrasse. Vielleicht war es meine

Schuld. Ich hatte versäumt, den großen Sonnenschirm aufzuspannen. Aber er wollte ja partout keinen Hut aufsetzen! Ich war untröstlich.«

»Eine späte Liebe. So was vergißt man nicht.«

»Was verstehst du davon.«

»Immerhin warst du alle Geldsorgen los.«

»Erstklassige Mediziner verdienen in Amerika Geld wie Heu. Ich weiß nicht mehr genau, wieviel ich damals geerbt habe. Mehr als ein paar Millionen waren es bestimmt.«

»Alles in allem hattest du ein gutes Händchen, was das Geld angeht.«

»Was willst du damit sagen? Alles nur Berechnung?«

»Wo denkst du hin!«

»Da ist schon etwas dran. Die Liebe und das Geld. Man darf gar nicht darüber nachgrübeln, wie das miteinander zusammenhängt. Merk dir, daß das ein vermintes Gelände ist, voller Fallgruben. Eine reiche Frau vergißt nie, daß sie Geld hat, und er vergißt es auch nicht. Ein schönes Thema für die Stückeschreiber, die mit solchen Konflikten Geld verdienen, und für die Anwälte, die allen Verliebten seitenlange Klauseln in den Ehevertrag schreiben, bevor sie vor den Altar, vor das Standesamt oder vor den Rabbiner treten dürfen.«

»Ich glaube, du hast auch so einen Anwalt, Tante Fé.«

»Wie kommst du darauf?«

»Er heißt Havelschmidt.«

»Woher weißt du das?«

»Ich bin doch nicht blind.«

»Er ist einer von einer ganzen Handvoll Advokaten, mit denen ich zu tun hatte. Und zwar der allerbeste. Wir duzen uns sogar. Ich nenne ihn Nikolaus, und er mich Fé. Der heilige Nikolaus ist der Schutzpatron der Rechtsanwälte. Als Katholik weiß man so etwas. Übrigens ist er sogar relativ ehrlich, was man von den meisten seiner Kollegen nicht sagen kann.«

»Hast du denn so viel mit Prozessen zu tun gehabt?«

»In Amerika kannst du wegen jeder Bagatelle verklagt werden, und plötzlich sind wegen nichts und wieder nichts ein paar Millionen fällig. Schadenersatz, Alimente, Erbschaftsstreitereien. So was geht selten gut aus.«

»Bei dir schon, Tante Fé.«

»Mit meinen beiden Ehemännern hatte ich mehr Glück als Verstand. Als Leo gestorben war, hatte ich genug von Amerika. Auch mit dem Finanzmarkt wollte ich nichts mehr zu tun haben. Meine Mutter ist bis zu ihrem Tod in der Villa in Massachusetts geblieben. Sie hat mir Vorwürfe über meinen Lebenswandel gemacht. Da beschloß ich, nach Europa zurückzukehren, obwohl ich mich dort gar nicht so gut auskannte.«

»Aber nicht nach Deutschland.«

»Die Schweiz war mir lieber. Ich bin in die Villa am Genfer See gezogen. Warum hast du mich nie besucht? Es ist ganz hübsch dort. Du mußt unbedingt bald einmal bei mir in *La Pervenche* vorbeischauen. Es ist immer gut, wenn einem die eigenen vier Wände gehören. Denn da kann einen keiner rausschmeißen.«

»Du wirst es kaum für möglich halten, was Fanny mich gestern ganz im Ernst gefragt hat. Sie wollte wissen, ob alles, was es gibt, jemandem gehört. Diese dicken rotweißen

Pfosten an der Baustelle, die Tauben auf dem Gehsteig, die Antennen auf dem Dach – einfach alles!«

»Das ist doch eine gute Frage. Die Fanny ist nicht so blöd, wie sie aussieht. Die hat es faustdick hinter den Ohren. Hast du ihr den Unterschied zwischen Besitz und Eigentum erklärt?«

»Nö. Ich wußte selber nicht recht, was ich ihr sagen sollte. Wem gehört der Schnee? Der Zaun? Der Mond? Wehe, wer die Juristen fragt. Dann wird es kompliziert. Oft weiß man nicht genau, wer das Sagen hat, schon weil die Experten sich nicht einigen können. Der Fluß hier geht zwar mitten durch die Stadt, aber er gehört ihr nicht. In diesem Fall greift das Bundesland mit seinen öffentlichen Händen zu, zum Beispiel das Wasserwirtschaftsamt, oder das Landesamt für Umwelt. Der Staat kann das, was da drunten vorbeifließt, auch verpachten, wenn er will. Am Ufer hat er weniger zu sagen. Manchmal ist dort die Gemeinde am Zug, oder ein privater Grundbesitzer hat sich dort eingenistet.«

»Du hast dich anscheinend gut informiert.«

»Alles nur wegen der Fanny. Ich habe mich sogar bei einer Behörde erkundigt, die einen besonders schönen Namen hat. Bei der ›Staatlichen Verwaltung der Schlösser, Gärten und Seen‹, die dem Allgemeinwohl dient und mir so manchen Zutritt zu ihren Alleen und Gewässern verschafft hat. Manchmal wird dabei auch ein kleiner Betrag fällig, den ich gerne zahle. Ich habe den Präsidenten gefragt, ob er auch für die Weiher, Tümpel und Pfützen da hinten im Wäldchen zuständig ist. Da hat er nur den Kopf geschüttelt.

Wie sieht es denn damit bei deiner Villa aus? Hierzulande dürftest du ohne Genehmigung nur das oberirdische Wasser, nicht aber das Grundwasser nutzen.«

»Ach, meine Liebe, hör bitte auf damit! Hättest du nur nicht auf Fanny gehört!«

Noch bevor wir den Saturn erreichten, war es meiner Tante zuviel geworden. Sie keuchte ein wenig. Ich merkte, daß ich ihr zuviel zugemutet hatte. Bis zum Pluto würden wir es nicht mehr schaffen. Kurz vor der nächsten Brücke gab es einen kleinen Park.

»Gut«, sagte ich, »daß es diese kleinen Telephone gibt, die du nicht leiden kannst. Ich werde den Herrn Forster anrufen, damit er dich ins Hotel zurückbringt.«

Erstaunlich bald war der Chauffeur zur Stelle. Im Auto fielen meiner Tante die Augen zu. In den *Vier Jahreszeiten* nahmen wir sie vorsichtig hoch und schleppten sie in ihr Zimmer. Ich erschrak darüber, wie wenig sie wog.

Als die Familie Federmann aus ihrem Inselurlaub zurückkehrte, fragten meine Eltern und Geschwister mich: »Hast du viel über deinen Büchern gesessen? Der Kühlschrank ist leer. Hoffentlich hast du wenigstens regelmäßig gegessen. Wenn die Bozena wiederkommt, wird geputzt. Und wie geht es der Tante Fé?«

Ich mußte ihnen erklären, daß sie schon vor einer Woche verschwunden war. »Ihr kennt sie ja. Sie ist einfach abgereist, ohne Ankündigung, ohne zu sagen, was sie vorhat. Nein, sie hat keine Adresse hinterlassen. Ich habe vergeblich versucht, sie in der Schweiz anzurufen.«

Und dabei ist es bis Ende November geblieben.

III

Tante Fé zieht bei Federmanns ein

Nach allem, was sie mir auf dem Planetenweg anvertraut hatte, war ich auf alle möglichen Wechselfälle im Leben meiner Tante gefaßt. Ihre Stimmungsschwankungen und Kaprizen war ich gewöhnt. Daß sie nichts von sich hören ließ, überraschte mich nicht. Doch auf ihren allerneuesten Coup war ich nicht gefaßt.

Sie meldete sich bei uns mit einer ihrer lakonischen Ansichtskarten. Diesmal war ihre Nachricht in Bern abgestempelt, obwohl das Photo sonderbarerweise einen Ausflugsdampfer vor dem Budapester Parlament darstellte.

Budapest.   Országház. — Parlement. — Parlament.

»Ich hoffe«, schrieb sie, »ihr habt nichts dagegen, daß ich eure Gastfreundschaft für ein paar Tage in Anspruch nehme. Ankunft Dienstag 11 Uhr 28 mit dem Zug aus Zürich. Vielleicht wird Felicitas so freundlich sein, mich abzuholen. Eure Fé.«

Die Eltern waren konsterniert. »Sie will bei uns einziehen!« stellte meine Mutter fest. »Was fällt ihr ein?«

»Reg dich bitte nicht auf. Die Kinder werden sich freuen.«

»Jaaa!« schrie Fanny, und auch Fabian war von der Aussicht auf diesen Besuch sehr angetan.

»Wenn sie so viel Geld hat, warum steigt sie dann nicht in den *Vier Jahreszeiten* ab? Und wie lange will sie bleiben?«

Die Mutter mußte Bozena bitten, das winzige Gästezimmer für Tante Fé herzurichten. »Aber das ist die reinste Besenkammer. Ob ihr das nicht zu schäbig ist?«

»Wir müssen den alten Nachttisch aus dem Keller holen, und du, Fabian, wirst ihr deine Schreibtischlampe für ein paar Tage ausleihen.«

Das war die leichtere Aufgabe. Denn in unserem Keller sah es aus wie auf einer Müllhalde. Ein Schaukelpferd, ein altes Tonbandgerät, ein blinder Spiegel, alles, was der Sperrmüll nicht abholen wollte, hatte sich über die Jahre da unten angesammelt. Um unserer Tante wenigstens das Nötigste zu verschaffen, mußten wir zu dritt den Nachttisch, ein Erbstück unserer verblichenen Großmutter, aus dem Chaos bergen. »Und Bozena«, rief die unfreiwillige Gastgeberin, meine Mutter, »bitte vergiß ein neues Stück Seife und zwei frische Handtücher nicht!«

Meiner Tante war nichts Besonderes anzumerken. Am Bahnsteig winkte sie mir munter mit dem Stock zu. Ein

Gepäckträger mußte herbeigeholt werden, um ihre beiden großen Überseekoffer aufzuladen. Sie waren schwer, aus feinstem Juchtenleder mit Messingschnallen, und verziert mit angestaubten Hotel- und Schiffsetiketten aus aller Welt. Auch eine altmodische Hutschachtel mit ihrem Monogramm war dabei. Ich suchte ein möglichst ausladendes Taxi, um das alles unterzubringen, und achtete darauf, daß der türkische Fahrer stämmig genug war, um alles in den Wagen zu wuchten.

Zu Hause läutete ich Sturm. Die Tante umarmte meine Mutter und packte schon im Flur ihre Mitbringsel für die ganze Familie aus. Es waren keine neu gekauften Sachen, keine Tüten und Schachteln dabei. Vielleicht kamen die Geschenke aus den Tiefen einer Kommode, wo man im Notfall immer noch etwas Brauchbares finden kann. Auch Bozena wurde nicht vergessen; sie bekam einen ellenlangen indischen Schal.

Als der seltene Gast installiert war, was wegen des sperrigen Gepäcks eine Weile dauerte, breitete sich am Kaffeetisch eine gewisse Ratlosigkeit aus.

»Was meint ihr?« fragte meine Mutter. »Sie macht einen unbeschwerten Eindruck. Vielleicht hat sie sich hingelegt?«

»Ich kann ja mal nach ihr sehen«, schlug ich vor. »Vielleicht braucht sie noch etwas.«

In der kleinen Gästekammer roch es nach Mottenkugeln. Tante Fé hatte ihr Toilettenwasser aus dem Koffer geholt. Ich sah an dem Etikett, daß es ein altes Herrenparfum aus dem Zweiten Empire war. Schon am zweiten Tag hatte sie sich in ihrer Kammer häuslich eingerichtet. Sie las in einem

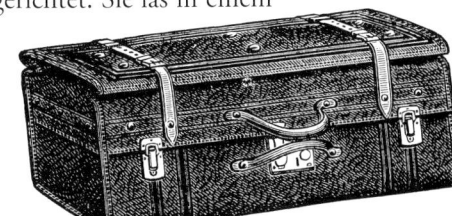

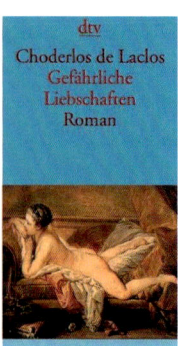

französischen Roman, dessen Lebensmaximen sie mir dringend zu beherzigen empfahl: *Gefährliche Liebschaften.*

»Könntest du das Fenster aufmachen? Hier muffelt es ein wenig. Dir kann ich es ja sagen«, fing sie an. »Ich bin pleite.«

»Das habe ich mir schon gedacht. Sonst wärst du kaum bei uns eingezogen. Aber wie ist es dazu gekommen?«

»Na ja, ich war ziemlich viel unterwegs, und da konnte ich mich nicht um unbezahlte Rechnungen kümmern. Außerdem gab es Ärger mit der Verrechnungssteuer. Weiß der Henker, was das ist. Der Kanton hat sich beschwert. In Genf gibt es ein Amt, das AFC heißt. Ich kann mir all diese Abkürzungen nicht merken.«

»Du hättest ja den Dr Havelschmidt fragen können.«

»Stimmt. Du weißt ja, wer das ist, obwohl ich ihn dir nie vorgestellt habe.«

»Es ist doch gut, so einen Rechtsverdreher zur Hand zu haben.«

»Ohne ihn wäre alles noch viel schlimmer ausgegangen. Da ist nämlich noch etwas, das ich dir sagen muß.«

»Aha.«

»Sie haben meine Villa gepfändet. Auf einmal war so ein höfliches Männchen an der Tür, das seinen Ausweis und einen Aktenordner vorzeigte. Er sagte, er sei der Beitreibungsbeamte, und er müsse leider unverzüglich vollstrecken.«

»Eine Art Gerichtsvollzieher. Bei uns sagt man, das ist der mit dem Kuckuck. Und warum das alles? Nur wegen ein paar Schulden bei deiner Schneiderin?«

»Ach wo. Das war viel gravierender. Ein amerikanisches Gericht hat sich an das Justizdepartement in Genf gewendet, mit der Bitte um Amtshilfe.«

»Weil du irgend etwas in Massachusetts angestellt hast.«

»Unsinn. An diesem Schlamassel war mein lieber Leo schuld.«

»Das kann nicht sein. Er war doch immer der ideale Ehemann. Treu wie Gold. Auf unserm letzten Spaziergang hast du ihn über den grünen Klee gelobt.«

»Freilich. Er war auch der beste von allen. Nur dann kam dieser widerliche amtliche Brief. Irgendein Nachlaßgericht in Massachusetts wollte wissen, ob ich die Witwe und Erbin Professor Dr Leo Spitzers sei. Ein pensionierter Handwerker aus North Adams habe sich bei ihnen gemeldet und angegeben, daß der renommierte Kardiologe sein leiblicher Vater sei. Sein Anwalt habe dargelegt, daß seine Papiere *prima facie* hierfür beweiskräftig seien, und deshalb habe er Leos Testament angefochten. Mr Jonathan Bessie, so heißt er, fordere nun zumindest seinen Pflichtteil aus Leos Nachlaß. Man habe deshalb ein Rechtshilfeersuchen bei der Genfer Justiz eingereicht. Man möge dort dafür sorgen, daß die Ansprüche Mr Herb Bessies dinglich gesichert würden.«

»Du sprichst ja schon so fließend wie eine Volljuristin! Und wer, bitte, ist dieser Bessie?«

»Mein guter Havelschmidt hat allerhand über ihn herausgefunden. Ein siebzigjähriger Automechaniker aus einem verwahrlosten Industrieort irgendwo in der Pampa.«

»Und deshalb sind sie dir gleich mit Zahlungsbefehl, Beitreibung und Zwangsvollstreckung gekommen?«

»Ja. Nur mit der Taschenpfändung, die mir auch angedroht wurde, haben die Schweizer die Amerikaner auflaufen lassen.«

189

»Mein Vater hatte also doch recht, als er sagte, die Erbschaft sei eine bürgerliche Katastrophe. Es tut mir wirklich leid um deine Villa.«

Aber Tante Fé lachte nur höhnisch und sagte: »Wenn es sonst nichts ist! So etwas ist mir schon öfters passiert. Ich lasse mich doch nicht von irgendwelchen Erbschleichern einschüchtern. Oder von den Banken! Die haben natürlich sofort meine Konten gesperrt. Solange sie glauben, daß du reich bist, werfen sie dir das Geld hinterher. Aber kaum bist du ein wenig klamm, drohen sie dir und nehmen dir dein letztes Hemd weg.«

Dann erklärte sie mir den Unterschied zwischen Zahlungsverzug, Insolvenzverschleppung und Konkursbetrug.

»Das ist ganz einfach. Wenn der Weinhändler oder die Schneiderin einem eine Rechnung schickt und man läßt ihn warten, kommt irgendwann eine Mahnung. Die kannst du in den Papierkorb werfen, solange du ein eigenes Haus hast. Das ist nicht nett, aber so halten es die meisten Reichen. Erst wenn die Bank oder das Finanzamt dir Scherereien macht, sperren sie dir die Konten. Dann bist du insolvent, und die Gläubiger sind dir auf den Fersen. Aber die Pleite kommt ja nicht über Nacht. Gewöhnlich hat man sie kommen sehen. Was würdest du in so einem Fall machen?«

»Bitte, Tante Fé, woher soll ich das wissen?«

»Die meisten haben natürlich längst vorgesorgt. Ein kleines Depot in Singapur, ein wertvolles Bild oder ein paar Diamanten, von denen die Gläubiger nichts wissen.«

»Legal ist das sicher nicht.«

Der Gierige und der Tod,
Jan Provoost,
Anfang 16. Jahrhundert

»Du kannst ja Dr Havelschmidt fragen. Der kann das Strafgesetzbuch auswendig und wird dir gern erklären, daß man Insolvenzverschleppung und Konkursbetrug wohl voneinander unterscheiden muß. Mit solchen Details kenne ich mich nicht aus.«

Meine Patentante war die Ruhe selbst. »Eigentlich war mir die Villa sowieso zu groß. Du glaubst nicht, was für ein Trödel sich im Lauf der Jahre dort angesammelt hat! Was soll ich mit meinen Ballkleidern aus den vierziger Jahren und mit einem verstimmten Konzertflügel, auf dem nie jemand spielt?«

ch zögerte, meine Eltern über die neusten Wendungen in Genf aufzuklären, die doch ziemlich beunruhigend waren. Aber die hatten sich längst ihre eigenen Gedanken gemacht. »Das habe ich kommen sehen«, sagte Papa. »Mit einem Wort«, stellte meine Mutter fest, »jetzt haben wir sie am Hals.« Daß die Tante Fé der Situation mit ruchloser Sorglosigkeit begegnete, erhöhte nur ihren Verdruß. Nur Fanny fand das Ganze spannend. Von mir wollte sie unbedingt wissen, was die Tante alles in ihrem Koffern mitgebracht hatte. »Ist in der Hutschachtel wirklich nur ein Hut drin, oder vielleicht ein Haufen Geld? Sicher hat sie irgendwo ihren Schmuck versteckt!«

Am Montag kam ein Auslandsbrief für sie an, der erschreckend amtlich aussah. Auf dem Kuvert stand »Recommandé à remettre en main propre avec accusé de réception«. Der kurdische Briefträger war ratlos, was er damit machen sollte. Meine Tante wurde unsanft aus ihren Lektüreträumen gerissen. Sie beruhigte den Boten, der kaum lesen konnte, unterschrieb und drückte ihm den Rückschein und zehn Euro in die Hand.

Über den Inhalt des Briefes hat sie hartnäckig geschwiegen. Am Nachmittag brachte sie eine gute Stunde damit zu, ihre Habseligkeiten einzusammeln. Dann verlangte sie, unverzüglich mit ihrem ganzen Gepäck abzureisen. Ich besorgte ihr ein Taxi. »Hast du noch genug Geld dabei?« fragte ich. Sie nickte nur, umarmte mich ungewohnt heftig, und weg war sie. Aber wohin? Das hat sie nicht einmal mir verraten.

IV
Tante Fés Erbe

D er erste Schnee lag schon, als wir wieder von ihr hörten. Von ihrer Ankunft erfuhren wir nicht durch eine der gewohnten Ansichtskarten. Es war Herr Stäuble, der bei uns anrief und uns meldete, daß sie wieder in den *Vier Jahreszeiten* abgestiegen war, und zwar in derselben Suite, wo sie uns immer so großzügig empfangen hatte.

Was war geschehen? Welche wundersame Wendung hatte dazu geführt, daß die vom Unglück Verfolgte derart rasch dem gnadenlosen Druck ihrer Gläubiger entkommen war? Mama war erleichtert, daß Tante Fé auf unsere Besenkammer nicht mehr angewiesen war. Es war klar, daß sie nicht mehr beherbergt und beköstigt werden mußte. Doch das Rätsel ihrer raschen Wunderheilung von ihrem finanziellen Hals- und Beinbruch ließ die Eltern nicht ruhen.

»Ich wüßte doch gern, wie sie sich wieder aufgerappelt hat«, sagte Mama. »Aber um das herauszufinden, kommst nur du in Frage.« Ich konnte ihr nicht widersprechen. Ich zweifelte nicht daran, daß mir der handsame Herr Stäuble jederzeit zu einer Audienz bei der Tante verhelfen würde. Die ließ ihn sogleich anrufen und mir ausrichten, sie werde sich freuen, mich so bald wie möglich wiederzusehen.

Ich fiel gleich mit der Tür ins Haus. »Was ist los?« fragte ich, »wo bist du so lange gewesen? Warum hast du mir nicht gesagt, wie es weitergegangen ist mit den Räubern, die dich ausplündern wollten? Was ist mit deiner Villa passiert?«

Sie zeigte sich so unbefangen, launisch und großzügig wie eh und je. »Der gute Havelschmidt hat mich gerettet. Als erstes hat er Mr Bessie und seinen Anwalt abgebügelt. Die Papiere, die sie vorgelegt hatten, erwiesen sich als windig, und ihre Klage wurde glatt abgewiesen. Aber dann kam noch die amerikanische Steuerbehörde«, fuhr sie lachend fort, »und wollte mir das Blut aussaugen. Dieser *Internal Revenue Service* ist ein ganz schlimmer Finger. Schon allein, daß er sich Service nennt, ist eine Unverschämtheit! Die sitzen in ihren klimatisierten Büros und geben ihren Terror als Dienst am Kunden aus. Na ja, sie wollten eben auch noch ein Stück vom Kuchen haben. Mein virtuoser Havelschmidt hat das mit einem Vergleich hingekriegt. Sonst hätten diese Wegelagerer mein Geld über Jahre hinaus blockiert.«

»Und so sind immerhin ein paar Millionen übriggeblieben.«

»Ich weiß nicht genau, wieviel mir bleibt. Denn dann kam mir auch noch die Genfer Erbschaftssteuer auf den Hals. Die langen Gott sei Dank nicht so brutal zu wie die Amerikaner. Havelschmidt, der sich in solchen Dingen auskennt, hat sicher gut mit ihnen verhandelt.«

»Du wohnst also wieder in deiner Villa am See.«

»Warum kommst du nicht endlich und überzeugst dich selbst?«

»Erst muß ich noch das verflixte Abitur hinter mich brin-gen«, sagte ich. Aber das sollte sich als Fehler erweisen.

»Leider kann ich Franz und Friederike diesmal nicht be-suchen. Morgen muß ich wieder nach Hause, um nach dem Rechten zu sehen. Der Garten ist ganz verwahrlost. Schöne Grüße an deine Eltern, an Fabian und Fanny. Auf bald, meine Liebe!«

Der Winter zog sich lange mit Schneeverwehungen und Glatteis hin. Außer Fanny war niemand zu einem munteren Faschingstreiben aufgelegt. Kurz nach Aschermittwoch klingelte bei uns an einem Samstagnachmittag das Telephon. Meine Mutter nahm ab. »Franz, da ist ein Dr Havelschmidt am Apparat, der dich dringend sprechen will.« Ich hörte gespannt zu, konnte aber nicht verstehen, was der Anwalt zu sagen hatte. Papas bestürzte Miene bedeutete nichts Gutes.

Es war meiner Tante nicht vergönnt, sich in der Villa Immergrün von den Schikanen auszuruhen, die sie überstanden hatte. Ihr letztes Abenteuer war der Tod. Ach, sie war schon lange nicht mehr so kregel, wie sie vorgab! Dennoch konnte sie es nicht lassen, in die Ferne zu schweifen. Sie wollte immer hoch hinaus, und wenn es mit dem Bergsteigen nicht mehr so leicht wie früher ging, vertraute sie sich technischen Hilfsmitteln an, die sie aus früheren Tagen kannte und schätzte. So hat sie an einem hellen Tag im Februar 2015 eine Seilbahn bestiegen, um sich an der berühmten Aussicht auf den Gießbach im Berner Oberland zu erfreuen. Dieses Monument der Schweizer Ingenieurskunst war älter als meine Tante; denn es hat seit dem Baujahr 1879 seinen Dienst zum Wohle des Tourismus getan und nie Anlaß zu Beschwerden der Fahrgäste gegeben.

Tante Fés Ziel war das altmodische Grandhotel, das hoch über dem See thront. Vielleicht wollte sie die spitzen Türmchen wiedersehen, oder die roten Balkone des Zimmers, das sie in ihrer Jugend bewohnt hatte.

Doch als die schiefen Wägelchen die schwindelnd hohe Brücke über den Wasserfällen erreichten, versagte ihr altes

Herz. Wäre Professor Dr Spitzer noch leibhaftig zur Stelle gewesen, er hätte sicher gewußt, was zu tun war; aber die chinesischen Ausflügler, die im Abteil hinter ihr schwatzten, sahen ahnungslos zu, wie sie ihren letzten Atemzug tat, und als die Bahn die Endstation erreichte, war es für jede Hilfe zu spät.

Ich hasse Beerdigungen, gerade weil sie absolut unvermeidlich sind. Selbstverständlich mußte sich die ganze Familie am Genfer See einfinden, um Tante Fé das letzte Geleit zu geben. Wir waren ja, da Mr Herb Bessie sich als Erbschleicher erwiesen hatte, ihre einzigen Angehörigen. Und wo das der Fall ist, findet das Begräbnis, wie es in den Todesanzeigen heißt, immer »im engsten Familienkreise« statt.

Bei meinen Eltern führte das zu langen Beratungen. »Die Reise mit dem Zug nach Genf dauert fast sieben Stunden«, sagte Papa. »Mit dem Flugzeug geht es viel schneller.« Ob das für fünf Personen nicht allzu kostspielig sei, fragte sich Mama. »Und was ist mit dem Hotel?«

Ich ärgerte mich. »Wenn ihr so weitermacht, werdet ihr noch auf die Kosten für den Sarg und die Kranzschleifen zu sprechen kommen. Wenn ihr nichts dagegen habt, rufe ich Dr Havelschmidt an. Der hat die Tante noch nie im Stich gelassen.«

Das erwies sich als die richtige Lösung. Selbstverständlich werde sich sein Sekretariat um alles kümmern. Was die Kosten angehe, werde er natürlich gern alles Nötige vorstrecken. Dazu sei er schließlich als Willensvollstrecker nicht nur berechtigt, sondern sogar verpflichtet. Was war das wieder für ein kurioser Ausdruck! Daß immer noch irgendwo Todesurteile vollstreckt werden, wußte ich, und vor kurzem wurde mir klargemacht, daß es auch Zahlungs- und Zwangsvollstreckungen gibt. Aber hier ging es nicht um Grausamkeiten, sondern um Wohltaten, die uns nach dem Willen der Tante erwiesen werden sollten.

»Ich habe mir erlaubt, für Ihre Familie und für Sie ein Hotel zu buchen. Vielleicht hätten Sie das *Beau Rivage* vorgezogen, aber das liegt ungünstig, und der Weg nach Céligny wäre weitläufig. Ich hoffe, Sie werden mit einem angenehmen kleineren Haus zufrieden sein, das in Coppet direkt am See liegt. Für den Fall, daß Sie sich unabhängig bewegen wollen, gibt es dort immer ein Taxi. Aber natürlich schicke ich Ihnen rechtzeitig einen Wagen zur Beisetzung, die am Donnerstag nachmittags gegen fünf Uhr stattfinden wird.«

Die Eltern waren von Dr Havelschmidts Entgegenkommen sehr beruhigt. Mama sah darin ein günstiges Vorzeichen für den weiteren Gang der Dinge, wozu ihr Mann nur den Kopf schüttelte. »Und wer soll die Trauerpredigt halten?« fragte sie mich. »Besonders fromm war deine Tante ja nicht, aber doch katholisch? Sind die Genfer nicht alle Protestanten, oder sogar Calvinisten? Wie soll das gutgehen?«

Ich wußte, daß Tante Fé, obwohl sie wenig von der Kirche hielt, dem Katholizismus ihrer Jugend nie abgeschworen hatte. »Mach dir keine Sorgen! Auch daran hat Havelschmidt gedacht. Er sorgt dafür, daß der Pfarrer aus dem nahe gelegenen Nyon im Waadtland herbeieilt.«

»Und was ist mit der Villa?«

»Mama! Bitte! Das hat doch keine Eile!«

»Hast du nicht erzählt, daß sie beschlagnahmt war, oder gepfändet, oder wie das alles heißt. Ob dort alles in Ordnung ist?«

»Du wirst dich bis zur Testamentseröffnung gedulden müssen. Das sagt jedenfalls Havelschmidt, der Allwissende.«

So, wie wir am Donnerstag auf dem kleinen Friedhof im Regen mit zusammengebissenen Zähnen vor dem Grab standen, hätte Tante Fé uns wahrscheinlich ausgelacht. Sie hatte

den Wunsch geäußert, in dem alten Friedhof im Wald bei-
gesetzt zu werden, neben einem berühmten Filmschauspie-
ler, einem Star aus ihren Jugendtagen. Selbst dieses unerhörte
Privileg hatte der umtriebige Willensvollstrecker durchsetzen
können, indem er die Bürgermeisterin mit dem einen oder
anderen finanziellen Ratschlag versorgte. Die *pompes funèbres*
der Stadt Genf ließen es an diesem Nachmittag an nichts
fehlen. Kränze und Blumen waren zur Stelle, und der Pfarrer, ein fülliger Schwarzer aus Guinea, hielt seine tröstliche
Ansprache, von der die arme Fanny kein Wort verstand, in
tadellosem Französisch.

Am andern Tag zitierte uns Havelschmidt zum Friedens-
richter. Ich fand seinen Amtssitz enttäuschend; denn statt
einer reichgeschmückten Halle fand die Testamentseröffnung
im zweiten Stock eines nüchternen, bunkerartigen Gebäudes
statt. Fabian und Fanny durften nicht mitkommen, weil sie
nicht volljährig sind; die Eltern mußten sie vertreten. Nur
ich wurde aus dem einfachsten aller denkbaren Gründe dazu
geladen. Meine Tante hatte mich als Alleinerbin eingesetzt.
Alles sollte, wie sie handschriftlich verfügte, »an mein gelieb-
tes Patenkind Felicitas gehen«.

In unserer maßlos normalen Familie hatte es so etwas noch
nie gegeben. Weder hatten meine Eltern etwas zu vererben,

noch gehörten Begriffe wie *Letztwillige Verfügung, Nachlaß-abwicklung* und *Erblasserwillen* zu ihrem Wortschatz. Als Kind war ich gar nicht auf die Idee gekommen, daß Verstorbene Hab und Gut hinterlassen können. Ich dachte mir, sie sähen eben auf dem Totenbett ganz blaß aus. Noch weniger konnte ich allerdings das Kauderwelsch der Genfer Justiz begreifen. Sosehr Dr Havelschmidt sich auch bemühte, mir diese Texte zu verdolmetschen – ich stand vor den Klauseln des Schweizer Zivilgesetzbuches wie der sprichwörtliche Ochse vor dem Berg.

Erst am Samstag war es soweit, daß dem ersten Besuch in *La Pervenche* nichts mehr im Wege stand. Ein schwerer Schlüsselbund wurde mir in Havelschmidts Sekretariat zu treuen Händen anvertraut. Der Familie war die Neugier auf diesen Ausflug deutlich anzumerken. Besonders Fanny erwartete wohl ein Ambiente, das die *Vier Jahreszeiten* in den Schatten stellte. Und tatsächlich war der erste Anblick recht eindrucksvoll. Durch das schmiedeeiserne, von zwei Säulen gerahmte Eingangstor nahm sich die Villa ganz stattlich aus. Eine Klingel gab es nicht, doch die Suche nach dem größten Schlüssel war erfolgreich. Der Taxifahrer öffnete die beiden Torflügel, und wir fuhren durch eine kleine Lindenallee vor die schwere Eingangspforte. Nirgends war ein Mensch zu sehen. Nur in einem Kellerfenster brannte Licht.

Kaum waren wir eingetreten, da erschien auf der Kellertreppe der Mann, den wir für den Butler gehalten hatten: ein alter, kleinwüchsiger, muskulöser Mensch mit einem wirren Backenbart. Seine heisere Stimme kam mir bekannt vor. Er war es, dessen kurzangebundene Auskünfte Papa abgeschreckt hatten, als er versuchte, die Tante anzurufen. Monsieur Joseph, so stellte sich der Mann vor, war offenbar der Hausmeister; denn er bot uns sogleich an, uns das ganze Haus zu zeigen: die Salons mit den Sitzmöbeln, die mit weißen Hussen abgedeckt waren, den Wintergarten mit den vertrockneten Palmen, die staubige Küche, das Bügelzimmer und das Kabuff für die Köchin.

Ein beklommenes Schweigen lastete auf unserem Rundgang, das Monsieur Joseph mit einer Entschuldigung brach. Die gnädige Frau sei ja längere Zeit nicht zu Hause gewesen, um nach dem Rechten zu sehen. Vor Wochen sei auch der Gärtner verschwunden, das Zimmermädchen arbeite auf dem Bauernhof ihrer Eltern, und auch mit dem Lohn habe es gehapert. Das Unglück sei für alle so überraschend gekommen!

Ein verlassenes Haus ist immer ein deprimierender Anblick. Mama bemerkte halblaut, daß die Küche nicht aufgeräumt war; hier fehle es an einer tüchtigen Person wie unserer Bozena; auch das Parkett sei nicht ordentlich gebohnert. »Eine Schande, ein so großes Haus so weit herunterkommen zu lassen.«

Sie hatte nicht unrecht. Der Konzertflügel im Musikzimmer war verstimmt, und in den meisten Räumen roch es muffig. Manche Räume wirkten so leer, als hätte jemand schon die Möbel abtransportiert. Sogar Fanny war enttäuscht. »Im Hotel war es viel schöner«, behauptete sie.

»Wollt ihr nicht lieber zurück nach Coppet fahren? Der Taxifahrer wartet unten«, schlug ich vor. »Ich werde mich noch ein wenig hier umsehen. Dann komme ich nach.«

»Du führst dich ja schon als Besitzerin auf«, murrte Fabian.
Aber Papa verstand, daß ich allein sein wollte. »Sicher hast du
noch das eine oder andere mit Monsieur Joseph zu besprechen.«

Bevor ich auch den Hausmeister wegschickte, fragte ich
ihn aus. Es stellte sich heraus, daß er eigentlich Giuseppe
hieß und aus Kalabrien stammte. »Ich bin schon seit zwanzig
Jahren hier«, sagte er, »und zurück zu meinem Bruder, der
fünf Kinder hat, kann und will ich nicht gehen. Hier brauche ich wenigstens keine Miete zu zahlen. Alles, was weniger
als eine Stunde vom See entfernt liegt, ist so teuer, daß ich
nicht weiß wohin.« Er sah mich mit tränenden Augen an.
Ich mußte gestehen, daß ich nicht vorhatte, in die Villa zu
ziehen. Er müsse sich aber keine Sorgen machen. Ich versprach ihm, mich um sein Gehalt zu kümmern, und bat ihn
zu gehen.

Mir war immer unheimlicher zumute, je länger ich durch
das verwaiste Haus streifte. Ich hatte mir Tante Fé immer
vorgestellt, wie sie an einem Biedermeier-Sekretär ihre
undurchsichtigen Geschäfte erledigte und hin und wieder
eine Postkarte schrieb. In einem solchen Möbel mußte es
doch ein Geheimfach geben. Aber nichts dergleichen konnte
ich in den dreiundzwanzig Zimmern finden, von denen die
Familiensage ging. Ich ertappte mich dabei, daß ich wie ein
Schnüffler nach Spuren suchte. Wo waren die Dokumente
der Tante geblieben, ihre Pässe, wo das Faß mit ihrer grünen
Tinte? Ein Photoalbum, ein Bündel mit Liebesbriefen?

Die Leere war beängstigend. Nur in einem riesigen alten
Schrank, der über dem Treppenabsatz thronte, hing noch ein
Dutzend alter Kleider. Ich schnupperte an ihnen und spürte

einen Hauch ihres Toilettenwassers *Eau Impériale.* Doch auf das, was man heute *vintage* nennt, lege ich keinen Wert. Auch die Etiketten, auf denen Namen wie Dior und Balenciaga standen, sagten mir wenig. Vor einer Reihe von Schuhen fragte ich mich, was ich mit diesen Hinterlassenschaften anfangen sollte. Anzeigen fielen mir ein, in denen es heißt: »Nachlässe, Haushaltsauflösungen, Entrümpelung – alles besenrein!« Das war so trostlos, daß ich drauf und dran war, alles liegen und stehen zu lassen. Im letzten Moment fand ich in der Garderobe noch eine bestickte Handtasche, die mich an Tante Fés ersten Besuch in unserm Haus erinnerte. Ein paar Dollarscheine, ein wenig Kleingeld und eine Bordkarte der Air Portugal aus dem vorletzten Jahr: das war alles. Das waren die einzigen Sachen, die ich mit nach Hause genommen habe. Ich wollte die Geheimnisse der Tante ruhen lassen und *La Pervenche* nie wieder aufsuchen.

»Ich hoffe, Sie haben in der Villa alles zu Ihrer Zufriedenheit vorgefunden«, sagte Dr Havelschmidt, als ich ihn in seiner Kanzlei aufsuchte, um mich zu verabschieden. Sie lag natürlich im großbürgerlichen Champel-Viertel. An den Wänden hingen Ölgemälde, vielbändige Enzyklopädien lagen auf dem Empire-Tisch, Computer hatte der Anwalt ins Vorzimmer verbannt.

Ich habe mich gefragt und keine Antwort gefunden, wie meine Tante an Havelschmidt geraten war. Unter den 1800 Genfer Advokaten galt er als Star der Branche, zu dessen Mandanten große Ölfirmen, russische Oligarchen, Hedgefonds, Politiker, Scheichs und wahrscheinlich auch der eine oder andere Diktator gehörten. Seinem Ruf tat das keinen

Abbruch. In der dritteuersten Stadt der Welt spricht man Rechtsanwälte respektvoll mit dem Titel Maître an. Mich hat er mit derselben erlesenen Höflichkeit behandelt, mit der er seine reichsten Geschäftspartner empfing, obwohl ich sofort mit der Tür ins Haus gefallen bin.

»Was den armen Monsieur Joseph betrifft«, sagte ich, »für den müssen wir uns etwas einfallen lassen.«

»Sie haben recht. Es gibt überhaupt noch einiges zu regeln. Ich fürchte, daß einiges vom Mobiliar Ihrer Tante abhanden gekommen ist.«

»Das einzige Souvenir, das ich mitgenommen habe, ist diese Handtasche. Von ihrem Schmuck fand sich keine Spur. Ich hätte doch gerne wenigstens einen Ring oder eine Brosche behalten.«

»Gut, daß Sie auf dieses heikle Thema zu sprechen kommen, Frau Federmann. In der letzten Zeit, die, wie Sie wissen, ziemlich kritisch war, hat unsere Freundin, wie ich sie wohl nennen darf, so manches veräußern müssen. Sie hat mir wörtlich gesagt, eine Frau in ihrem Alter brauche nicht mehr viel. Das muß natürlich unter uns bleiben, schon wegen der Artikel 163 folgende des StGB.«

»Ich habe nicht die geringste Ahnung, wovon Sie sprechen.«

»Es geht dort um die sogenannte Gläubigerschädigung durch Vermögensverminderung. Ich darf Ihnen versichern, daß wir in dieser Hinsicht nichts zu befürchten haben. Dann wäre da noch die Frage der Erbschaftssteuer. Tut mir leid, daß ich Sie damit belästigen muß. Sie haben doch gewiß einen Steuerberater zur Hand. Wie war noch sein Name?«

»Sie meinen Herrn Semmelschneider, der sich um Papas Sachen kümmert?«

»Nur für den Fall, daß ihn das Doppelbesteuerungsabkommen überfordern sollte, kann er sich jederzeit gerne an mich wenden. Und was die Villa angeht, darf ich fragen, ob Sie daran denken, sie selbst zu nutzen?«

»Nein.«

»Dann käme eher eine Veräußerung in Betracht. Die Lage ist ja ganz einmalig, und auf dem hiesigen Immobilienmarkt sind derzeit hohe Preise zu erzielen. An Interessenten würde es sicherlich nicht fehlen.«

Ich war so erschöpft von seinen Ausführungen, daß ich ihm am liebsten gleich eine Vollmacht unterschrieben hätte. Nur der Gedanke an meine erschrockene Familie hielt mich davor zurück.

Gute Rückreise! Meine Empfehlung an Ihre Eltern, an Ihren Bruder und an Ihre reizende kleine Schwester! Meine Koordinaten haben Sie ja zur Hand! Ich stehe Ihnen jederzeit zur Verfügung! Viel Glück und auf ein hoffentlich baldiges Wiedersehen!

So oder so ähnlich habe ich den Abschied von Tante Fés Willensvollstrecker in Erinnerung.

Tante Fés letzter Wille war eine Sensation, die in der Familie pflichtschuldig begrüßt wurde. Besonders Papa fand an ihm nichts auszusetzen. »Siehst du, Friederike!« rief er schon, als wir wieder im Flugzeug saßen. »Was habe ich dir gesagt? Die Fé ist immer großzügig gewesen.«

»Ja, Franz. Nur an uns beide hat sie nicht gedacht«, wandte Mama ein. »Ganz zu schweigen von Fabian und Fanny.«

Mein Bruder, das muß ich sagen, hat darüber, daß er leer ausging, keine Miene verzogen, und die kleine Fanny hat nur mit den Achseln gezuckt.

»Die Felicitas wird schon alles richtig machen.« Mit diesen Worten beschloß mein Vater die Diskussion, bevor sie aus dem Ruder laufen konnte. Ich war und bin fest entschlossen, daß er damit recht behalten wird.

Das nächste Ritual, das ich zu ertragen hatte, war die Zeugnisübergabe in der Aula. Der Direktor hielt eine launige Rede, der Elternbeirat lobte alles, die meisten Jungens hatten Krawatten an, und das Schulorchester spielte *We are the Champions*«. Ich war wütend, weil ich nur einen Notendurchschnitt von 1,3 nach Hause brachte, aber mein Vater beruhigte mich und sagte, ihm seien die Noten so was von egal.

Am Tag nach dem Schulabschluß traf ein eingeschriebener Brief von Dr Havelschmidt an mich ein. Unter seinem äußerst höflichen Anschreiben fiel die Kostenrechnung aus dem Umschlag. Bei aller Freundschaft, er hat den Willen meiner Tante nicht umsonst vollstreckt. Was da alles aufgeführt war! Der Leichenwagen, die Sargträger, die Blumen, der Steinmetz, die Spende für den Pfarrer, unser Hotel und die Flugtickets ... Die Liste wollte gar kein Ende nehmen. Neben den fälligen Steuern, Abgaben und Gebühren hatte er natürlich auch sein eigenes Honorar nicht vergessen. Es war gesalzen. Aber ich war und bin ihm dankbar, daß er der »Erblasserin« und mir den ganzen Wust abgenommen hat. Immerhin blieb für mich ein Guthaben übrig, von dem ich mir nie hätte träumen lassen. Der wichtigste Zettel lag ganz unten auf. Ein Papier an einem rotweißen Bändchen mit der Überschrift *Erbschein.*

Dabei lag ein sorgfältig versiegeltes kleines Päckchen. Als ich es aufmachte, kam ein kleiner Maroquin-Lederband mit Goldschnitt zum Vorschein. »Ich konnte euch leider nicht alles sagen, was ich über das Geld weiß. Eher zu viel als zu wenig. Ich hoffe, daß euch einiges davon erspart bleiben wird, und daß ihr euch an mir kein Vorbild nehmen werdet. Was ich alles falsch gemacht habe! Übrigens solltet ihr manches von dem, was ich euch erzählt habe, nicht unbedingt für bare Münze nehmen. Je seltener ihr an das Geld denken müßt, desto besser, denn es gibt vieles auf dieser Welt, was weniger lästig ist.

In den letzten Jahren habe ich mir ab und zu notiert, was andere über das Geld dachten. Das sind lauter Zitate, Lesefrüchte und Tantensprüche. Blättere manchmal drin, nimm dir, was du brauchen kannst, und laß weg, was dir unsinnig vorkommt. Du kannst ja manchmal einen Satz unterstreichen, der dir einleuchtet. Sogar als Orakel kannst du es brauchen: du öffnest das Büchlein, ohne hinzusehen, und deutest auf die erstbeste Zeile mit dem Zeigefinger. So machen es die Perser mit ihrem Lieblingsdichter Hafis, die Chinesen mit ihrem *I Ging* und die Zigeunerinnen mit deinen Händen. Deine Patentante Fé.«

Es ist jetzt schon einige Zeit her, daß ich aufgeschrieben habe, wie es bei Tante Fés Besuchen und bei ihrem Begräbnis zugegangen ist. Heute lese ich diese Notizen mit gemischten Gefühlen. Manchmal lache ich, manchmal wundere ich mich, wie sie mit uns, den fünf Federmanns, umgesprungen ist, was sie uns alles beigebracht, und was sie uns verschwiegen hat.

Fabian hat sein BWL-Studium geschmissen. Er studiert jetzt Geologie in Norwegen. Fanny tritt in Kneipen auf, und in der Szene gibt es bereits ein Publikum, das ihre Künste zu schätzen weiß. Sie improvisiert, tanzt und singt ätzende Lieder. Ich verstehe nichts davon, aber wir telephonieren oft miteinander, und wenn sie etwas braucht, kann sie sich auf mich verlassen. Von meinen Eltern gibt es nicht viel Neues zu berichten. Mein Vater hat aufgehört, sich um die Autos anderer Leute zu kümmern. Seine Pension ist ausreichend. Er baut jetzt kleine Architekturmodelle aus Blech, aus Holz und Papier. Die Eltern wohnen immer noch im selben Haus. Meine Mutter denkt sich neue Rezepte aus und seufzt über das eine oder andere Zipperlein.

Und ich? Vor ein paar Wochen bin ich ausgezogen und habe eine kleine Wohnung in Berlin gemietet. Mein Interesse an der Ökonomie hat stark nachgelassen. Ich beobachte immer noch aus dem Augenwinkel, was die sogenannte Wirtschaft treibt, aber der nervöse Rummel von Hausse und Baisse ödet mich an. Von meiner Erbschaft ist nach der Begleichung von Dr Havelschmidts Abrechnung und dem Steuerbescheid noch mehr als die Hälfte übriggeblieben. Papa hat mich ja schon vor Jahren vor der »bürgerlichen Katastrophe« gewarnt, die das Erben mit sich bringt. Er hatte recht. Inzwischen bin ich von meinem Geld bereits ein gutes Fünftel losgeworden. Einiges habe ich weitergegeben, und zwar, indem ich mich an Tante Fés Ratschlag hielt: Nur an

Leute, die ein Gesicht haben, und nie an Institutionen. Ich habe keine Lust, mein Leben als Erbin zuzubringen.

Manchmal möchte jemand wissen, was ich mit meinem Geld anfangen will. Aber das ist die falsche Frage. Es kommt nicht darauf an, was ich mit dem Geld machen werde, sondern was das Geld mit mir macht. Ich brauche nicht viel, und was ich brauche, kann ich irgendwann einmal selber verdienen.

Tante Fés *Vademecum,* dieses schöne kleine Souvenir, hebe ich mir gut auf. Ein paar Proben davon finden sich auf den letzten Seiten meines Berichts. Manchmal lese ich darin.

Aus
Tante Fés Vademecum

Für die Familie bin ich
ein Monster, weil ich kein
Geld verdiene.
                Paul Gauguin

Geld allein macht nicht

unglücklich.
Die Verachtung des Reich-
tums war bei den Philo-
sophen ein Trick, um sich
vor der Demütigung durch
die Armut zu schützen.

La Rochefoucauld

Reichtum macht das Herz

schneller kalt als kochendes

Wasser ein Ei.
Ludwig Börne

Ich habe immer nur Geld verdient, um es auszugeben. Das können nicht viele von sich sagen.

Captain Meadows in Somerset Maughams Erzählung "Die Heimkehr"

Es ist doch sonderbar bestellt,
sprach Hänschen Schlau
zu Vetter Fritzchen,
daß nur die Reichen in der Welt
das meiste Geld besitzen.
                    Lessing

Wären alle reich, so wollte

niemand das Boot rudern.

Wenn die gewöhnlichen Geldpressungen kein Geld geben, so muß man Lottos errichten.

Lichtenberg

Das Geld geht reißend ein und tausend fort,

Ah, Zeit! Bargeld! Kunst! Und Geduld!

Melville

Geld ist der Paß der Juden.
Albert Londres

Ein Mann ohne Geld ist
wie ein Wolf ohne Zähne.

Weil nun einmal das
Geld in der Welt dasjenige
ist was macht, daß ich
das Kinn höher trage,
freier auftrete, Stärkere (r?)
an andere anlaufe.

Lichtenberg

Dem Lord Byron mißfiel,
daß er sein Geld zum
Fenster hinauswarf, statt
es zu verschmelzen.

Ein Tier, das Klettern
Kann, sollte sein Geld
nicht einem Affen an-
vertrauen.
Das Geld verachten, heißt
einen König absetzen;
es gewährt Genuß.
Nicolas Chamfort

Das Geld klingt wohl
gut, sagte das Mädchen
aber der Kuchen
schmeckt doch besser.

Geld, das stumm ist,
macht gleich, was
krumm ist.

Geld wird nicht
geschenkt.

Ich habe immer nur
Geld verdient, um es
auszugeben. Das können
nicht viele von sich
sagen.

Captain Meadows in
Somerset Maughams
Erzählung "Die Heimkehr"

Finis?

VIII

Wo Geld vorangeht,
sind alle Wege offen.
Shakespeare "Die lustigen
Weiber von Windsor"

Wenn reiche Leute auch
mehr Gelegenheit als andere
haben, Geld zu verlieren,
so haben sie wiederum
auch mehr Gelegenheit,
welches zu verdienen.
Balzac, "Was alle Herren
sich die Liebe kosten
lassen"

IX

Zwischen Geiz und Ver-
schwendung, mein Kleines,
liegt Sparsamkeit.
Balzac, "Vater Goriot"

Das Geld erlangt erst
dann Bedeutung, wenn
das Gefühl keine mehr
hat.
Balzac, "Vater Goriot"

X

There is money; spend it, spend it; spend more.

Shakespeare; "The Merry Wives of Windsor" I, 2

Es braut ein Unglück
gegen meine Ruh,
Denn diese Nacht
träumt' ich von Säcken
Geldes.
Shakespeare, "Der Kaufmann
von Venedig" II, 5

Wer auf großem Fuße
lebt, dem bezahlt man
auch die größeren Stiefel.
Brecht

Mehr Kredit als Geld,
so kommt man durch die Welt
Goethe

Die Phönizier haben das Geld
erfunden. Aber warum so
wenig?
                    Nestroy

Geiz ist seine eigne Stiefmutter.
Christoph Lehmann,
Politischer Blumengarten

Ich Rede, daß der Geiz ein'
        solche Freude bringt,
als wenn der Durstige viel Salz
        mit Wasser trinkt.

Georg Philipp Harsdörffer

Der Geiz ist wie das Feuer:
je mehr Holze man anlegt,
~~desto~~ je mehr brennt es!

Geiz wird nicht satt, bevor
er nicht den Rund voll
        Erde hat.

Den Geizhals und ein fettes
Schwein
Schaut man im Tod erst
nützlich sein.
Friedrich von Logau

XIII

Der heilige ist das Roß, das
Wein fährt und Wasser
trinkt.

Der ärgste Fluch des
Rensören ist das Feld.
Sophokles, Antigona

Das Recht ist da, wo das
meiste Feld ist.
Lucanus, Pharsala

Es shirt nicht!
Kaiser Vespasianus

XIV

Geld stellt den Menschen
auf die Füße.
Talmud

Der Herr sprach aber zu
Mose: Geh, steig hinab,
denn dein Volk hat's
verderbt. Sie sind schnell
von dem Weg gewichen,
den ich ihnen geboten
habe. Sie haben (?) ihnen
ein gegossen Kalb gemacht
und haben's angebetet,
und ihm geopfert und gesagt:
Das sind deine Götter.

Mose, II, 32.

Wer kein Geld hat, dem hilft
nicht, daß er fromm ist.
Martin Luther

Sobald das Geld im
Kasten klingt
die Seel sich auf zum
Himmel schwingt.
Hans Sachs

Scham wohnt immer bei

den Armen. Der Reiche

ist dreist und entschlossen.
Hesiod

Geld, das haben ist, macht
grad, was krumm ist.
Christoph Lehmann

Geld, der Meister aller Sachen,
weiß aus Nein oft Ja zu machen.
Hans von Abschatz

XVI

Auch selbst den weisesten unter den Menschen sind die Leute, die Geld bringen, mehr willkommen, als die, die welches holen.

Lichtenberg

Im Deutschen reimt sich Geld auf Welt; es ist kaum möglich, daß es einen vernünftigen Reim gebe.

Lichtenberg

Wo Geld die Braut ist,
hat der Teufel selbst
ein Ei in die Wirtschaft
gelegt.

Ein solch Papier, an Gold
und Perlen Statt,
ist so bequem, man weiß
doch, was man hat;
man braucht nicht erst
zu markten und zu tauschen,
Kann sich nach Lust in
Liebe und Wein berauschen.
Mephistopheles in Goethes Faust.

XVIII

Geld ist schön, macht aber viel Arbeit.

Nach Karl Valentin, der dasselbe von der Kunst behauptet hat.

Gesundheit ohne Geld ist ein halbes Fieber.

Wenn man viel Rindvieu-stecken hat, so hat ein Tag Hundert Taschen, Friedrich Nietzsche

Viel Geld, große Sünde; wenig Geld, noch größere.

Inhalt

I

Der Besuch von Tante Fé

Seite 7 bis 136

II

Tante Fés Wiederkehr

Seite 137 bis 183

III

Tante Fé zieht bei Federmanns ein

Seite 185 bis 194

IV

Tante Fés Erben

Seite 195 bis 214

Aus

Tante Fés Vademecum

Seite I bis XIX

Bildnachweis

Seite 237